un tuffo
nella storia

AL TEMPO DI ROMA IMPERIALE

Collana di narrativa storica
per ragazzi diretta da
Luigino Quaresima

GRUPPO EDITORIALE
RAFFAELLO

I[a] Edizione 2004

Ristampa

7 6 5 4 3 2 1 2010 2009 2008 2007 2006 2005

Raffaello Editrice

Via Brodolini, 16-18 Monte San Vito (AN)

E. Mail: info@ilmulinoavento.it

http://www.ilmulinoavento.it

Printed in Italy

Nadia Vittori

TRE CUCCIOLI IMPERIALI

Illustrazioni di

caba & chesi

La nascita

La luce della lampada guizzò più alta, mossa da un fremito di vento, appena percettibile.

La vecchia si sollevò, raddrizzandosi a fatica, e si girò seccata verso la bambina che era comparsa in quel momento sulla soglia.

Era stato il suo arrivo a provocare la corrente d'aria nella stanza.

- Chiudi subito quella porta! - brontolò. - Durante un parto ogni sbalzo di temperatura può essere pericoloso!

Si scostò i capelli dalla fronte con un gesto stanco.

- Ravvivate i bracieri, voi! Voglio che questa stanza diventi più calda dell'officina di Vulcano, avete capito? - ordinò alle donne presenti nella stanza.

Le aveva scelte al suo arrivo, tra le più anziane della casa. Avrebbero dovuto essere le più esperte, ma sembravano fanciulline spaventate: si muovevano di qua e di là, senza essere di nessun aiuto.

- Mi serve dell'altro olio caldo - disse dopo un po'.

E, mentre aspettava che l'ordine venisse eseguito, cominciò con calma a tagliarsi le unghie delle mani.

Si ricordò solo alla fine della bambina appena arrivata. Girò la testa per individuarla: eccola là.

Si nascondeva in un angolo della stanza: divorata dalla

curiosità allungava il collo per non perdersi nulla dell'inconsueto spettacolo.

- È tornato Marco Licinio? - le domandò.

La bambina arrossì, vergognandosi di essere stata sorpresa a sbirciare di nascosto.

- Non ancora. È rientrato da poco il servo, da solo. Marco Licinio manda a dire che arriverà più tardi, appena possibile.

- Appena possibile!... - borbottò la vecchia a denti stretti, ma nel silenzio teso della piccola stanza, tutti la sentirono perfettamente.

La donna sdraiata sul letto rigido, di fronte a lei socchiuse gli occhi.

- Arriverà in tempo? - chiese.

L'ostetrica sollevò lo sguardo e allungò la mano fino a sfiorarle la pancia tesa.

- Certo che arriverà in tempo!

Due ancelle si mossero silenziose e infilarono con precauzione un recipiente di terracotta dentro un sostegno a tre piedi di bronzo, poi tesero all'ostetrica alcune pezze di lino candido. La vecchia le prese, ma subito le respinse con un gesto autoritario.

- Ho detto che le voglio calde! Per tutti gli dei. Sapete che significa?

Finalmente venne accontentata e allora prese una pezza di lino candido dalle mani delle ancelle e la depose, ancora calda e fumante, sull'addome della giovane completamente unto d'olio. Intanto continuò a parlarle con voce bassa, carezzevole, come si parla a un bambino spaventato:

- Scotterà un po', ma ti farà bene... L'ho immersa in un infuso d'erbe che calma il dolore... Chiudi gli occhi e riposa. Avrai bisogno di tutte le tue forze... e di tanta fortuna - concluse tra sé la vecchia.

Lucilla fu davvero fortunata. In poco più di due ore, era pronta per il parto.

- Ci siamo! - disse quindi l'ostetrica dopo un ultimo controllo. - Fatela alzare... adagio... così...

Le due donne più robuste l'aiutarono a sollevarsi dal letto rigido, la spogliarono della tunica, lasciandole solo una camiciola corta di lino, e la guidarono fino alla sedia posta in mezzo alla stanza.

L'ostetrica sorvegliava ogni movimento e intanto si guardava attorno per verificare che tutto fosse stato disposto nel giusto modo.

- Sistemate ancora delle erbe profumate in quei bracieri! Il loro odore si deve sentire nell'aria! - raccomandò a un'ancella. - E mettete dell'altra acqua a scaldare, mi servirà tra poco per lavare il bambino.

Si accucciò di fronte alla sedia da parto, su una seggiola bassa. Avrebbe dovuto smettere di lavorare da un pezzo, le sue gambe stanche glielo ricordavano ogni volta che prendeva posizione davanti a una partoriente.

Le donne cominciarono ad agitarsi per la stanza, impazienti: sentivano che il momento era arrivato.

L'ostetrica sollevò lo sguardo.

- **Pregate la dea** che Lucilla possa partorire in fretta!

Immediatamente si levarono sommessi i mormorii delle preghiere.

l'angolo del...

Nascere a Roma poteva risultare una pratica molto pericolosa sia per la madre sia per il bambino. La dea protettrice del parto era Giunone.

Lucilla si agitò sulla sedia. Le doglie erano ricominciate.

Due donne le si posero di fianco.

Una terza ancella, la più anziana del gruppo, si chinò su di lei. Con l'avambraccio accompagnò la contrazione, esercitando una lieve pressione sull'addome e spingendo contemporaneamente verso il basso.

L'ostetrica si sporse un po' in avanti.

- Trattieni il fiato... Ecco, brava, così... E adesso spingi, bambina, spingi con tutte le tue forze! Ci siamo quasi... sta nascendo!

La giovane chiuse gli occhi, ma sembrava più quieta.

L'ostetrica allungò la mano sinistra, completamente unta d'olio caldo, e con un gesto esperto raccolse il bambino tra le braccia.

- Eccolo, ci siamo! È un maschio!

Allungò le braccia per mostrarlo alla donna e il primo vagito vibrò alto e imperioso.

Lucilla si rilasciò contro lo schienale, troppo esausta per riuscire a ridere o a piangere.

Di colpo la porta si spalancò e nella stanza entrò un uomo di corsa.

- Dov'è mio figlio? - chiese Marco Licinio avanzando di due passi.

L'ostetrica non si girò neppure. Continuò tranquilla a lavare il bambino con le spugne imbevute di acqua calda e intanto parlottava sommessa tra sé.

- È un maschio? - chiese Marco avvicinandosi.

- È un maschio, per volere degli dei - rispose la vecchia. Poi prese il bambino, lo adagiò su di un cuscino e quindi lo depose a terra, nel gesto rituale, proprio davanti al **padre**.

Marco lo guardò un istante, quindi si chinò, raccolse il fagotto e lo sollevò in alto, fino all'altezza dei suoi occhi.

- Con questo atto io ti riconosco: il tuo nome è Lucillo, figlio mio!

- Adesso puoi andare, Marco Licinio. Non abbiamo più bisogno di te - disse l'ostetrica.

Poi si avvicinò a Lucilla che si agitava ancora sulla seggiola, come se fosse di nuovo in preda alle doglie.

Controllò che tutto fosse in ordine, ma la voce le morì in gola:

- Un altro! C'è un altro bambino!

l'angolo del...

Il padre, *pater familias*, aveva potere assoluto sulla vita e morte dei figli. Al momento della nascita di un figlio il padre gli faceva toccare il pavimento con i piedi poi lo sollevava in alto a braccia tese.

Si sollevò di colpo, lanciando ordini a destra e a sinistra.

- Svelte, muovetevi, mi serve ancora olio, subito... altre bende, spicciatevi!

Marco Licinio stava lì davanti e non sapeva cosa fare.

L'ostetrica gli lanciò un'occhiata fulminante.

- Levati da lì! Non vedi che stai dando fastidio? - gli gridò sbrigativa. Poi cercò di incoraggiare Lucilla:

- Tra un attimo sarà tutto finito... Stai tranquilla...

Alla fine strillò di gioia raccogliendo con un grido di vittoria un secondo bambino tra le mani.

- È un maschio anche questo! - esclamò deponendolo sul cuscino accanto al fratello. - Sono gemelli, uguali uno all'altro come due uova... Sei davvero un uomo fortunato, Marco Licinio!

L'uomo buttò uno sguardo sul secondo fagotto: come poteva quella vecchia donna dire che quel mostriciattolo era uguale al suo Lucillo, a suo figlio?

Si girò e si avviò adagio verso la porta.

Nella stanza si fece silenzio. Più nessuno osava muoversi. Solo il piccolo strillava, agitando i pugni serrati nell'aria.

L'ostetrica lo bloccò con la mano sulla porta.

- Che ne devo fare, Marco Licinio? - chiese, indicando il bambino ancora a terra.

L'uomo si strinse nelle spalle.

- Fallo morire... io non lo voglio!

- Perché vuoi ucciderlo? Non è mica una femmina!

Marco Licinio si avvicinò alla moglie.

- Non voglio allevarne due: uno ci basterà.

Poi si girò verso l'ostetrica.
- Portalo fuori, esponilo nel bosco... Fanne quello che vuoi! Io non lo voglio!
E uscì in silenzio dalla stanza.

Un premio inaspettato

Tito Flavio Stefano si passò la mano tra i capelli, sempre più radi e sempre più grigi, in un gesto sconsolato. Restò a fissare immobile la grande nave che si inclinava senza misericordia nei bassi fondali del porto.

Insieme ad essa si stavano inabissando migliaia di sesterzi e tutta la sua fortuna.

Come avrebbe potuto spiegare al suo Imperatore un simile disastro?

Era così concentrato a contemplare la propria rovina che non percepiva nemmeno, tutto attorno, il vociare caotico degli uomini che correvano avanti e indietro sulle banchine del porto, lanciando alte grida al cielo e agli dei, ricevendo in risposta solo gli stridi acuti e beffardi dei gabbiani.

Quando gli si presentò davanti, Socrate lo trovò così, perso nella contemplazione muta del mare, affannato per la corsa e per l'agitazione.

- Sta già arrivando la squadra dei sommozzatori, Tito Flavio! - disse.

- Finalmente una buona notizia! Quanti sono?

- Ho reclutato tutti gli uomini disponibili, direi almeno una decina, ma ho detto di cercare altra gente tra i pescatori e gli zavorratori... Dovrebbero arrivare da un momento all'altro.

Tito Flavio tornò a fissare l'increscioso spettacolo offerto dal mare.

- Sarà comunque troppo tardi! - commentò amaramente.

Tito Flavio Stefano, grande **liberto imperiale**, preposto dei cammelli, controllore delle belve, procuratore di Laurento, era responsabile agli occhi dell'Imperatore di ogni decesso, di ogni incidente e di ogni graffio che subiva il prezioso carico. Si guardò intorno in cerca di una possibile vittima.

A chi si poteva addossare la colpa di quel massacro?

Attorno alla grande oneraria il mare ribolliva di schiuma. Cinque o sei scialuppe si muovevano in circolo, cercando di portar soccorso alla nave ferita e al suo equipaggio. Avevano già tagliato i cavi di rimorchio per non trascinare nel disastro anche la grossa lancia a remi che aveva trainato l'oneraria dentro il porto.

- Voglio vedere quell'idiota che stava al timone della

l'angolo del...

Il liberto era lo schiavo che, per motivi di prestigio personale, riusciva a conquistarsi o a pagarsi la libertà. Talvolta gli stessi Imperatori li utilizzavano per compiti speciali.

lancia! - urlò all'improvviso Tito Flavio. - Appena tocca terra portatemelo qui!

Come se non bastasse, sembrava che quella mattina tutta Ostia si fosse riversata sulle banchine del porto. Mai vista così tanta gente ammassarsi per l'arrivo di un carico dall'Africa. Probabilmente la voce si era sparsa, più veloce di un fulmine. Non capitava tutti i giorni di vedere una nave affondare a poche decine di stadi dal por-

to… Un'oneraria carica di belve esotiche per i giochi del Circo, poi!

- Sono arrivati gli uomini! - disse Socrate a Tito Flavio, facendolo quasi sobbalzare per lo spavento. - Eccoli qui! Li imbarco immediatamente! - e mostrò con orgoglio un gruppetto di uomini magri e consumati che si ammassavano uno all'altro.

- Sarebbero questi? - domandò ironico il liberto.

Ma Socrate non si lasciò smontare facilmente.

- Sono allenati a restare sott'acqua anche per quattro minuti - precisò. - Possono ripescare qualunque oggetto dal fango di questo porto!

Tito Flavio inarcò le sopracciglia in una smorfia incredula, ma, d'altra parte, che cosa aveva da perdere? Quel gruppetto di miseri uomini era tutto quello che aveva!

- Ricordate!... - li sollecitò. - Avrete un premio extra per ogni belva ancora viva che mi porterete su.

- Su, forza, muoviamoci! Non c'è tempo da perdere! - urlò Socrate, sospingendo poco gentilmente i suoi uomini verso l'imbarco.

Ma il liberto imperiale non aveva ancora finito. Afferrò per la manica della tunica il responsabile dei sommozzatori di Ostia, che si girò sorpreso a guardarlo con una smorfia di perplessità dipinta sul volto.

Tito Flavio faticò a non sorridere: si capiva bene, a guardarlo adesso, che cosa gli aveva fatto meritare il soprannome di Socrate. Quell'uomo era veramente brutto, più simile a una scimmia che a un essere umano, ma nel suo lavoro, lo sapevano tutti, era imbattibile.

- Qual è il tuo uomo migliore, Socrate? - gli domandò.

Il responsabile non ci dovette pensare nemmeno un po'.

- Fortunato.

- È anche fidato?

- Ci metterei la mano sul fuoco!

Tito Flavio annuì con la testa.

- Benissimo! Chiamalo!

Le barche attendevano al molo, gli uomini vi stavano montando camminando sulle passerelle, veloci come ratti, e, man mano che prendevano posto, cominciavano a controllare l'attrezzatura.

Socrate allungò un braccio per fermare uno degli ultimi uomini della fila.

- Vieni, Fortunato! - gli disse con fare sbrigativo. - Tito Flavio Stefano ti vuol parlare!

Il liberto lo studiò un attimo in silenzio, tirandosi pensoso la barba arricciata.

L'uomo sembrava a posto: lo sguardo, franco e schietto, era puntato dritto su di lui, il volto era aperto e intelligente, senza essere saccente. Tito Flavio decise di fidarsi, anche perché non poteva fare diversamente.

- A bordo della *Iside* - gli disse serio - c'era un oggetto molto prezioso... chiuso dentro un cofanetto di ebano!

L'espressione del viso del sommozzatore non cambiò.

- Si tratta di un oggetto commissionato dall'Imperatore - continuò Socrate, - una cosa che gli sta molto a cuore... Dovresti tentare di recuperarla. Ad ogni costo!

Fortunato ascoltava attento. Quell'incarico poteva rappresentare la sua fortuna: a Ostia tutti sapevano quanto fosse importante la riconoscenza di Tito Flavio.

- Posso provarci. Cercherò nella cabina dell'armatore... È lì che avrei sistemato il cofanetto, se fossi stato io al posto del comandante!

- Buona idea. E... ricorda: ci sarà una ricompensa davvero particolare se riuscirai a recuperarlo! L'Imperatore sa essere molto generoso con i suoi amici.

Senza perdere ulteriore tempo, Socrate prese Fortunato per il braccio e lo sospinse in avanti.

- Vai, adesso! - gli disse. - L'ultima barca aspetta solo te per salpare!

Fortunato si trovò a salire proprio sull'ultima scialuppa, gomito a gomito con Cirillo, il suo giovane aiutante. Era lui che doveva reggergli la cima, mentre scendeva nelle profondità del fiume.

Cirillo lo vide e si scostò un poco per fargli posto sulla panca che correva sui due fianchi della piccola barca.

- Che voleva? - chiese, indicando con un cenno della testa la riva, sulla quale stavano immobili a guardare Tito Flavio e Socrate.

Fortunato si strinse nelle spalle.

- Niente, dovremo fare un recupero un po' particolare!

A quel punto si avvicinò Calpurnio, suo vicino di casa, che si lasciò cadere pesantemente al suo fianco.

- Ci sei anche tu? - gli chiese meravigliato. - Pensavo fossi rimasto a casa a far compagnia a Terzilla...

Fortunato socchiuse gli occhi con una smorfia: pensare alla moglie gli faceva male.

- Non potevo mancare - rispose. - L'ordine era preciso: tutti gli uomini disponibili dovevano correre al porto.

- Già, ho sentito... Roba grossa, oggi!

* * *

La barca si staccò dal molo.

Fortunato si aggrappò al bordo della scialuppa per non essere sbatacchiato dal moto delle onde e girò la testa verso il mare, facendo chiaramente intendere che non aveva voglia di fare conversazione.

Certo, avrebbe preferito essere a casa. Terzilla l'aveva supplicato di non uscire, e quando aveva sentito dell'incarico gli si era aggrappata piangente alla veste, pregandolo di restare a casa con lei.

Terzilla aveva appena perso un figlio, il loro secondo figlio. Neppure il primo era sopravvissuto. Era un maschio, forte e robusto, ma era rimasto soffocato al momento della nascita; il secondo era una femmina, nata la scorsa notte: sfortunatamente era morta nel giro di poche ore.

Fortunato fissava con occhi spenti il mare aperto davanti a lui e un'angoscia terribile gli riempiva il cuore. Terzilla non stava bene, era sfinita. E se, tornando a casa, quella sera, l'avesse trovata morta?

Molte donne morivano di parto e la sua Terzilla cominciava a non essere più tanto giovane.

- Forza, preparatevi! - urlò una voce a bordo.

Fortunato si scosse, cercando di liberare la mente da quei pensieri. Doveva ritrovare la solita concentrazione. Il suo lavoro non perdonava errori o distrazioni: ogni imprudenza poteva essere fatale. Si guardò attorno per rendersi conto della situazione: era importante, prima di ogni tuffo, valutare l'esatta posizione dello scafo e l'inclinazione della nave, per non correre rischi inutili.

Gli uomini avevano ritirato a bordo i remi.

La *Iside* stava davanti a loro. La prua, miseramente insabbiata nelle secche della foce del fiume, presentava una grossa falla e l'albero aveva un'inclinazione grottesca, piegato tutto in avanti. La pesante oneraria sprofondava a vista d'occhio, scivolando, appoggiata al fianco sinistro, verso acque più profonde.

Fortunato si assicurò che la fune fosse saldamente legata in vita e controllò che il nodo che teneva stretta la pietra fosse allacciato correttamente.

Lanciò un ultimo sguardo alla grande oneraria per fissarsi bene in mente la posizione della prua e della poppa e afferrò un piccolo otre che stava a terra accanto a lui. Piegò indietro la testa e se lo portò alle labbra. L'olio gli riempì la bocca col suo sapore vischioso e dolciastro.

Era pronto.

Afferrò la sua pietra e si buttò fuori bordo.

Andò giù velocemente, trasportato dalla gravità della pietra, come un peso morto.

L'acqua intorno, torbida e fangosa, brulicava di vita.

Gambe e braccia si agitavano vicino a lui e qua e là risalivano lentamente pezzi di legno e rottami.

Una grossa massa che scendeva velocemente al suo fianco attirò la sua attenzione.

Era una gabbia.

Afferrò una delle sbarre con le mani e tentò inutilmente di smuoverla. Al suo interno si intravedeva un'ombra enorme, ma nel riverbero della luce che si rifrangeva nell'acqua poco profonda non riusciva a distinguere bene.

Rilasciò un poco dell'olio che teneva in bocca e subito la visuale migliorò.

Un leone!

Fortunato ora poteva vedere chiaramente la criniera folta e scura fluttuare nella corrente del fiume, ondeggiando piano come un'alga marina.

Era morto. "Come tutti gli animali chiusi nelle gabbie", pensò Fortunato con rabbia. Stavano rischiando la vita per recuperare animali che non potevano essere sopravvissuti!

Gli animali feroci erano stati chiusi in gabbie, sistemate dentro la stiva, e in quel momento erano completamente sommersi dall'acqua: poche braccia, ma comunque sufficienti a farli annegare tutti.

All'improvviso, sopra la sua testa, un vortice improvviso gli fece alzare lo sguardo.

Per un attimo restò immobile senza riuscire a capire che cosa stesse guardando, poi finalmente comprese.

Elefanti!

Stavano nuotando nelle fredde acque del fiume.

Fortunato riusciva chiaramente a scorgere le tozze gambe che si muovevano, agitando freneticamente l'acqua sopra di lui.

Loro, almeno, che non erano chiusi nelle gabbie, avrebbero forse raggiunto la riva.

Ritornò a dedicarsi al suo lavoro.

Cominciava a sentire la pressione dell'acqua premere

contro le orecchie. Non gli restava più molto tempo. Sciolse la fune che teneva annodata la pietra e tenne legata solo la cima che lo collegava con la barca in superficie: l'altra corda non gli serviva più e restò un attimo a guardare la pietra andar giù e perdersi nelle profondità del fiume.

Puntò diritto verso la poppa della nave. La cabina dell'armatore di solito era a poppa, facilmente riconoscibile perché era la più grande e la più lussuosa di tutte.

Ancora due bracciate e sarebbe arrivato.

Si scostò di colpo, per non urtare un grosso legno che fluttuava proprio davanti a lui, e allungò la mano per scostarlo, quando si accorse con orrore che era il braccio di un uomo.

l'angolo del...

La poppa delle navi antiche era spesso decorata: uno dei simboli più usati era l'anatra dorata.

Diede un colpo più forte con i piedi. Doveva muoversi, voleva risalire al più presto: quel posto proprio non gli piaceva.

Ecco la poppa, subito identificabile dall'**anatra dorata**.

Ora restava solo da individuare un passaggio per entrare. La nave era adagiata sulla prua, ma anche leggermente sdraiata sul fianco sinistro, per cui offriva a Fortunato tutto il lato destro che a prima vista si presentava intatto.

L'uomo decise di non perdere tempo a cercare una falla sull'altro fianco. Sarebbe passato dal ponte, ormai quasi completamente sommerso, come un qualunque passeggero in navigazione.

Individuò subito le scale che portavano sottocoperta, e stava già imboccandole per scendere, aggrappato al corrimano, quando uno scricchiolio sinistro sopra la sua testa lo fece fermare.

La chiglia stava già cedendo sotto la pressione dell'acqua che entrava con forza dallo squarcio procurato cozzando contro i fondali.

Uno schianto improvviso lo fece sobbalzare. L'albero si era spezzato e stava precipitando sul ponte, proprio sopra la sua testa.

Fece un potente balzo e si portò al riparo, guardando l'albero schiantarsi sulle tavole del ponte e aprire una nuova falla.

Fortunato si avvicinò alla voragine e sbirciò giù: bene, gli dei erano con lui! Quella era la cabina dell'armatore… l'albero gli aveva offerto una scorciatoia.

Si infilò a testa in giù nell'apertura e per un attimo si sentì assalire dallo sconforto.

Era immerso nella più completa oscurità.

Cercò di calmare il suo cuore. Conosceva ormai bene quella sensazione: trovarsi al buio completo sott'acqua poteva far precipitare nella disperazione più profonda anche il sommozzatore più esperto, ma era solo questione di un attimo.

Infatti, subito dopo, gli occhi si abituarono a quella fioca luminosità e ricominciarono ad individuare i contorni degli oggetti: il letto, la scrivania, una sedia...

Tutti i mobili erano ammassati in un angolo della stanza, perché il pavimento si presentava quasi verticale, per l'assurda inclinazione dello scafo. L'angolo più lontano del pavimento si trovava alto sopra di lui, ma si stava inabissando lentamente davanti ai suoi occhi. Era questione di attimi: la chiglia poteva cedere e spezzarsi in due da un momento all'altro.

Doveva muoversi! Si guardò attorno per individuare lo scrigno. Eccolo! Era a terra, proprio vicino alla sedia.

Si allungò per andare a prenderlo, puntando dritto verso il prezioso oggetto, quando un'ombra gli si mosse accanto.

Fu preso di nuovo dalla paura, ricordando con un brivido il macabro incontro con il braccio… ma no, questo era qualcosa di vivo e nuotava nella sua direzione… Soffiò con forza il resto dell'olio che teneva ancora nella bocca e finalmente riuscì a capire che cosa stava venendo verso di lui: un cucciolo di leone!

Per un attimo si sentì confuso: come poteva essere ancora vivo? Ma poi si ricordò che la cabina era stata sommersa dall'acqua da poco e il leoncino non aveva ancora corso un vero e proprio pericolo. Doveva essere molto piccolo, forse aveva solo pochi giorni e forse anche questo lo aveva salvato… Fortunato aveva sentito dire che i cuccioli sopravvivono più a lungo degli adulti senza aria. "Proprio come noi sommozzatori" pensò quasi divertito.

Il cucciolo però sembrava allo stremo delle forze, annaspava in modo confuso nell'acqua, tenendo gli occhi aperti e guardandolo attraverso le oscurità remote del fondo del fiume.

Fortunato lo osservò e pensò a sua figlia, alla sua bambina che era morta poche ore prima nella piccola casa, all'estremità della cittadina. Rimase indeciso solo un attimo, considerando la fortuna che stava lasciando, chiusa nel piccolo forziere, che tra poco sarebbe precipitato insieme a tutto lo scafo, poi si decise: allungò la mano, afferrò il cucciolo di leone per la collottola, tirò la fune per avvisare in superficie che stava risalendo e puntò dritto verso l'alto, verso la luce, con l'inizio di un canto in fondo al cuore.

Sapeva di aver fatto la cosa giusta.

Due cuccioli in regalo

- Che cosa mi hai portato?... - ruggì Tito Flavio non appena lo vide arrivare con la scialuppa. - Un cucciolo di leone? E che me ne faccio?

Fortunato tossicchiò. I polmoni, sottoposti a duro sforzo, non avevano ancora ripreso a lavorare a dovere e sentiva una gran fame d'aria.

- E il gioiello? - lo incalzò di nuovo il liberto imperiale, senza aspettare risposta. - L'hai trovato?

Fortunato abbassò gli occhi: non gli piaceva mentire. Allora allungò il braccio e mostrò la sua preda.

- Ho trovato questo! - disse ansimando. - Hai parlato di un premio extra per ogni belva ancora viva, no?

Tito Flavio fissò furente il cucciolo: se almeno quello sciocco gli avesse ripescato il cammeo, l'Imperatore l'avrebbe potuto perdonare... Quel gioiello era costato un patrimonio!

- Vuoi un premio? - sbottò alla fine, indicando con la mano il leoncino. - Eccolo! È tutto tuo!

Fortunato lo guardò stupito.

- E come lo nutrirò? - chiese.

Tito Flavio si girò, facendo sventolare la lunga tunica orlata di seta.

- Prova a tuffarti di nuovo, e ripescati una leonessa che lo possa allattare! - rispose con strafottenza. E se ne andò.

Il cucciolo si mosse tra le mani del sommozzatore e sbadigliò insonnolito, tentando di rannicchiarsi nell'incavo del braccio dell'uomo. Era ancora tutto zuppo d'acqua e cercava un po' di calore.

Fortunato se lo strinse addosso e si incamminò lungo il molo.

- Bene, piccolo! Si va a casa. Speriamo almeno che ti piaccia il latte di capra!

Si allontanarono dal porto che brulicava ancora di gente e si avviarono lungo le strette strade della città che correvano parallele dalla spiaggia al Foro cittadino. Molti passanti si giravano incuriositi al passaggio del giovane sommozzatore e alcuni osservavano con aperta curiosità lo strano fagotto che stringeva tra le braccia.

l'angolo del...

Le belve esotiche che giungevano ad Ostia per i giochi del Circo trovavano alloggio temporaneo nel bosco del Laurento, una specie di giardino zoologico.

Fortunato decise perciò di tagliare attraverso il bosco che arrivava fin quasi dietro la sua casetta.

Si addentrarono tra l'ombra degli alberi, sempre più alti e sempre più fitti a mano a mano che ci si allontanava dal porto. Già si intravedeva la grande macchia scura di una vera e propria foresta: era il vasto giardino dove stavano custodite le **belve imperiali**, allevate e nutrite come principi, in attesa di essere portate a Roma per i giochi del Circo.

Fortunato indicò con un gesto il fitto bosco che si intravedeva dal sentiero.

- Vedi quegli alberi? Tu dovresti stare là, adesso. Avresti una comoda gabbia e dei servi imperiali che ti accudiscono...

Il leoncino socchiuse gli occhi e guardò l'uomo.

Fortunato sorrise: sembrava persino che quel cucciolo capisse le sue parole.

- Beh, forse è meglio così: non finirai i tuoi giorni in combattimento!

Era così preso dai suoi discorsi, che non si accorse di una figura scura che si stava avvicinando, nascosta in parte dal fitto fogliame. Se la trovò di fronte all'improvviso e quasi sobbalzò per lo spavento.

- Per tutti gli dei! - esclamò.

Poi riconobbe la vecchia ostetrica e riprese a respirare normalmente.

- Oh, ma sei tu, Scribonia! - la salutò.

La vecchia rise.

- E chi ti aspettavi? Venere in persona?

Subito dopo però il sorriso le morì sulle labbra e il viso della donna ritornò triste.

- Come sta Terzilla?

L'uomo si strinse nelle spalle.

- Come una donna che ha appena perduto il suo secondo figlio!

La vecchia scosse la testa con rabbia e strinse le labbra.

- Gli dei si prendono gioco di noi, Fortunato! Chi desidera un figlio, non riesce ad averlo, chi ce l'ha, non lo desidera!

E allungò il braccio per mostrare il fagotto che stringeva tra le braccia.

- Che cos'è? - chiese l'uomo, e mostrò a sua volta il proprio fardello.

Sorrisero insieme, stupiti per la coincidenza.

- Il mio - spiegò l'uomo - è un cucciolo di leone appena ripescato dal fango del Tevere!

La donna spostò la tela che avvolgeva il suo fagotto.

- Il mio è un cucciolo meno esotico... Guarda!

Fortunato si sporse e restò a bocca aperta.

- Che meraviglia!... Che cos'è? Maschio o femmina?

- È un bellissimo maschio. Forte e robusto, ma ha avuto il torto di nascere per secondo.

- Secondo?

- Sì, è il secondogenito di due gemelli.

- E dove lo porti?

L'ostetrica lo fissò con attenzione, colpita da un'idea improvvisa.

- Mi è stato ordinato di lasciarlo nel bosco... ma poi... che ne so io... qualcuno potrebbe trovarsi a passare proprio di lì e potrebbe sentire il pianto del bambino...

Fortunato quasi non respirava per l'emozione.

- Continua! - pregò in un soffio.

- Come posso sapere che fine farà questo bambino? Qualcuno potrebbe trovarlo e allevarlo... Nessuno lo saprebbe mai…

L'uomo la guardò con gli occhi lucidi.

- Davvero lo affideresti a me?

La vecchia sorrise.

- Non si è ancora saputo che tua moglie ha perso il bambino, quindi… perché non sfruttare l'occasione? Sareste degli ottimi genitori, tu e la tua Terzilla!

Tese il fagotto con gesto deciso, come ad offrire un oggetto prezioso.

- Prendilo, Fortunato! Se lo vuoi, è tuo!

L'uomo lo afferrò di getto e si mise a correre verso casa.

Quando aprì la porta, era ormai senza fiato.

- Terzilla! Sono qui!

Un rumore sommesso lo fece girare: la moglie era sdraiata sul letto, pallida e ancora sofferente per le fatiche del parto, ma, grazie agli dei, era viva!

Fortunato le si avvicinò.

- Guarda che cosa ho trovato!

E le mostrò il leoncino.

- Ma sei pazzo? Chi lo alleverà?

Fortunato si strinse nelle spalle.

- Abbiamo tre capre, gli darò il loro latte! Vedrai, crescerà bene e diventerà forte!

- E ci sbranerà tutti e due!

Terzilla non poté fare a meno di ridere.

- Povera me! - disse agitando la testa in modo affettuoso. - Ho un marito veramente matto!

L'uomo l'accarezzò, felice di vederla di nuovo sorridere, poi la fissò negli occhi e tese il secondo fagotto, senza riuscire a trovare le parole.

La donna lo fissò perplessa, poi cominciò a svolgere l'involto.

- E quest'altro? Non dirmi che è un altro leoncino!

La coperta si svolse del tutto, mostrando il suo contenuto.

Terzilla restò lì per un po', senza riuscire a parlare, poi

finalmente poté ritrovare la voce.

- Sia lode alla grande dea! È bellissimo! Dove l'hai trovato?

- È nostro! - disse soltanto Fortunato.

- Nostro?

- L'hanno abbandonato… io l'ho trovato e… nessuno potrà più reclamarlo!

Una giornata fortunata

La mattina era fredda e gelida.

Il vento fischiava, teso e forte. Lo si sentiva chiaramente anche all'interno della **piccola stanza**, fiocamente illuminata da una torcia appesa alle parete.

Fortunato sbadigliò insonnolito. Avrebbe preferito restare ancora nel letto caldo, ma il giovane leone era impaziente e cominciava ad agitarsi. Ancora un po' e avrebbe svegliato il piccolo Marco che aveva appena compiuto cinque anni.

Terzilla invece aveva già aperto gli occhi e guardò il marito infilarsi la tunica pesante

- Copriti bene! Fuori c'è un'aria gelida!... - gli raccomandò.

Poi sospirò forte e disse seria, rivolta al marito:

l'angolo del...

Le abitazioni dei poveri erano costituite molto spesso da seminterrati, soffitte e sottoscala, oppure, se si possedeva una bottega, da piccole camere poste sul retro del negozio.

- Per quanto tempo credi di poter tenere ancora questo leone?

L'uomo si strinse nelle spalle con un sorriso disarmante.

- È piovuto dal cielo insieme a Marco. Come posso lasciarlo?

La donna non si lasciò intenerire.

- Una bella mattina - brontolò - si alzerà più affamato del solito e ci sbranerà tutti!

- Fulvo non ci sbranerà! - borbottò Fortunato. - L'importante è tenerlo lontano dalle pecore dei vicini! Finché io potrò portarlo nei boschi a cacciare ogni mattina, Fulvo non sbranerà nessuno!

Marco si agitò nel suo letto, mettendo subito in allarme i genitori che si zittirono all'istante.

Fortunato si sporse a sbirciare tra le coperte.

Il piccolo probabilmente stava sognando, perché agitava i pugni nell'aria e faceva smorfie al vento. Sorrise con dolcezza: si era fatto un bel bambino, biondo e riccio, con le guance piene e rotonde.

- Vado! - disse Fortunato per mettere fine alla discussione. E uscì nell'aria ancora gelida.

Era una vecchia questione tra loro: Terzilla avrebbe voluto vendere il giovane leone a qualche mercante per guadagnarci qualcosa e poter mandare il loro Marco a una scuola pubblica. Ma che Fulvo finisse la sua vita in un Circo proprio non andava giù a Fortunato. Certo, qualcosa bisognava inventare! Fulvo aveva sempre fame e ormai il latte delle loro capre non bastava più.

- In qualche modo gli dei provvederanno! - disse l'uomo, e si addentrò nei boschi dietro casa, seguito dal leoncino che gli trotterellava dietro come un cagnolino.

Quel giorno, però, Fortunato capì subito che qualcosa non andava. Tra gli alberi alti non c'era il solito silenzio, anzi, da ogni parte arrivavano rumori sommessi e strani scricchiolii, veramente insoliti per quell'angolo di bosco.

In un primo tempo pensò al vento che giocava tra le foglie ormai rade, ma poi gli arrivarono chiaramente alle orecchie delle voci.

C'era qualcuno nel bosco! Molta gente, a quel che sembrava.

Tirò forte il guinzaglio di Fulvo, che girava di qua e di là la testa, innervosito da quell'insolita confusione.

- Dobbiamo nasconderci - disse, dando uno strattone più forte. - Non penso davvero che a quella gente faccia piacere trovarsi faccia a faccia con un leone!

All'improvviso la voce del figlio gli arrivò dal sentiero alle loro spalle:

- Dove siete? Aspettatemi!

Fortunato allungò il braccio e si tirò vicino il bambino.

- Che ci fai qui?

Marco sorrise.

- Voglio venire anch'io!

L'uomo si guardò attorno preoccupato.

- Hai scelto davvero un pessimo giorno per unirti a noi,

Marco! Vieni, dobbiamo nasconderci!

E tirò il leone e il figlio dietro un cespuglio, non troppo vicino al sentiero.

- State qui buoni e presto potremo tornare a caccia! - bisbigliò Fortunato, ma capì subito che non sarebbe stato così semplice. Un latrato si alzò infatti vicino, poi un altro, poi un altro ancora.

"Cani!" disse fra sé, preoccupato.

I cani avrebbero sentito senz'altro l'odore del leone e loro sarebbero stati scoperti!

I latrati si avvicinarono pericolosamente e con essi le voci di uomini, molti uomini.

Certamente era insolito che un gruppo così numeroso si aggirasse a quell'ora in quella parte di bosco così vicina al giardino imperiale, dove tra l'altro era proibito cacciare.

Fulvo si agitò: sentiva i cani avvicinarsi e puntava forte le zampe a terra per liberarsi dal guinzaglio. Marco gli grattava la testa dietro l'orecchio per calmarlo, ma il leone, innervosito dall'insuccesso dei suoi tentativi, aprì le fauci e si lasciò scappare un poderoso ruggito.

Marco gli chiuse subito la bocca con le mani, ma il guaio era fatto: i latrati ora erano vicinissimi.

Un attimo dopo infatti una mano si tese a spostare il ramo più alto del cespuglio e loro furono allo scoperto, circondati da una muta di cani e da uomini armati di lance e di frecce.

Fortunato fece un passo avanti per portarsi bene in vista.

I cani arretrarono, ma continuarono a ringhiare minacciosi.

- Ma è un leone! - urlò qualcuno del gruppo facendo un balzo all'indietro.

- Un leone vero!

Fulvo si sentì chiamato in causa, perché emise un ruggito ancora più potente. I cani guairono e si accucciarono a terra spaventati.

Fortunato vide il terrore sulle facce degli uomini armati e cercò di tranquillizzarli.

- È un leone, ma non vi farà alcun male! Lasciateci andare! Non vedete? Ho anche un bambino con me!

Guardava le loro espressioni spaventate e già sapeva che non sarebbe riuscito a convincerli.

All'improvviso due uomini a cavallo sbucarono dal fitto del bosco.

- Ma dove vi siete cacciati? - urlò il primo in tono autoritario. - Il toro fuggito è stato avvistato da quella parte!

Ad un tratto si accorse del leone e di Fortunato.

- Un leone? E che ci fa qui?

Guardò fisso l'uomo che lo accompagnava e strinse gli occhi pensieroso.

- Ma tu... chi sei? Io ti conosco!

Fortunato abbassò la testa e disse:

- Hai ragione, Tito Flavio, ci conosciamo. Sono il sommozzatore al quale qualche anno fa ti sei degnato di regalare un cucciolo di leone. Rammenti, adesso?

Il liberto fece una smorfia che voleva essere un sorriso.

- Ora ricordo... Il tuo cucciolo è cresciuto!

- L'ho allevato bene - chiarì Fortunato.

- Vedo. E come pensi di continuare a sfamarlo? Dandogli da mangiare la selvaggina dell'Imperatore?

Fortunato si rese conto di essere nei pasticci, ma non ebbe il tempo di rispondere, perché il secondo uomo scese da cavallo e si avvicinò incuriosito al leone.

Tito Flavio balzò subito da sella.

- Non avvicinatevi, principe, può essere pericoloso!

Fortunato sbarrò gli occhi per la meraviglia: quell'uomo piccolo e grassoccio era l'Imperatore?

Poi tutto accadde in un attimo.

Il fogliame del bosco si aprì di colpo e nella piccola radura sbucò un toro nero, gigantesco, che arrivava al galoppo, spaventato dagli uomini e dai cani che lo inseguivano. Si fermò un attimo, incerto, puntando le zampe nel terreno, davanti a quella piccola folla, poi scosse forte l'enorme testa e con uno sbuffo violento riprese la sua corsa puntando dritto sul mantello color porpora dell'Imperatore che gli veniva sventolato davanti agli occhi.

- Difendete l'Imperatore! - riuscì ad urlare il liberto con voce strozzata. - Aizzate i cani!

Fortunato era impietrito dal terrore.

Marco scelse proprio quel momento per staccarsi dalla mano del padre e cominciò ad avanzare nella piccola radura, mettendosi proprio tra l'Imperatore e il toro.

Fortunato aprì la bocca per urlare, ma non gli uscì alcun suono, poi sentì un violento strattone al braccio. Fulvo si era liberato.

Con due balzi il leone si portò di lato al toro e lo azzannò alla gola.

Il bestione ferito emise un forte muggito che subito si trasformò in un rantolo di morte, si piegò su se stesso e rotolò di fianco, finendo nella polvere proprio ai piedi di Marco e dell'Imperatore.

Un attimo dopo gli uomini si ripresero dallo stupore e lo finirono con le loro lance.

Fulvo ritornò al fianco del suo padrone e si accucciò ai suoi piedi.

L'Imperatore si chinò per sollevare il piccolo Marco, che era finito a terra, e lo depose tra le braccia del padre.

- Hai un figlio coraggioso! Si è messo davanti a un toro per salvare il suo Imperatore!

Poi si avvicinò al leone che dondolava pigramente la lunga coda, come un grosso gatto soddisfatto.

- Inoltre direi che anche il tuo leone merita un premio!

- Sei davvero un uomo fortunato! - disse Tito Flavio con il suo solito sogghigno. - Hai salvato la vita dell'Imperatore! Chiedi quello che vuoi e potrai ottenerlo!

Fortunato non ci pensò neppure un attimo.

- Voglio che mio figlio possa studiare in una scuola pubblica!

L'Imperatore annuì, grattandosi pensoso la barba perfettamente arricciata.

- Non si può certo dire che sei un uomo avido! I maestri costano poco, oggigiorno... Ti accontenteremo senz'altro!

Poi si ricordò del leone.

- E per lui, cosa chiedi?

L'uomo sorrise: era proprio la sua giornata fortunata.

- Voglio carne e cibo in abbondanza per mantenerlo!

L'importanza dell'aritmetica

La porta della piccola stanza si spalancò di colpo.

La donna si avvicinò al letto e sorrise.

- Non fingere di dormire, Lucillo! Ho mandato più di un'ora fa Livio nella tua cabina e mi ha detto che eri già sveglio da un pezzo!

Il ragazzino si arrese: allontanò con un calcio le coperte e saltò in piedi, perfettamente sveglio e vestito di tutto punto.

- E come potevo dormire, madre? Oggi è una giornata speciale!

La donna gli passò la mano sulla testa bionda, scompigliandogli i capelli in una carezza.

- Hai ragione, Lucillo!

Poi gli rassettò la tunica bordata di porpora, sistemando alla perfezione gli angoli e facendoli ricadere nel modo corretto.

- Perché ti sei infilato nel letto già vestito? - borbottò infine, notando alcune pieghe che prima non c'erano.

- Di che ti preoccupi, madre? I marinai non baderanno certo alle pieghe della tunica!

Fece una piroetta su se stesso.

- Che bello, madre! Sono felice di tornare a Ostia!

Lucilla rimase sorpresa da quell'affermazione.

- Ti piaceva tanto poco, dunque, vivere a Siracusa?

Lucillo, che saltellava allegro per la minuscola stanza, si fermò di botto, colpito dalla domanda della madre. Ci pensò un po', poi si decise a rispondere:

- Siracusa è una bellissima città, madre, ma Ostia... è il luogo dove sono nato. Da quanto tempo manchiamo?

- Cinque anni. Eri un bimbetto di pochi mesi, quando tuo padre fu richiamato a Roma. Subito dopo ci imbarcammo per Siracusa, perché egli doveva prestare servizio lì.

Livio entrò silenziosamente nella stanza.

- È ora di andare, signora. La nave è attraccata. Al molo ci aspettano per farci sbarcare - disse. E intanto tenne la porta della cabina socchiusa per fare uscire la sua padrona e il ragazzo.

* * *

Il vociare che proveniva dalla strada era quasi assordante.

La tenda che separava l'aula scolastica dal chiasso della via non riusciva ad attenuare i rumori. Per di più quello era giorno di mercato nel quartiere e la confusione era maggiore del solito.

Il **maestro** cacciò un urlo per superare il frastuono:

- Ho detto: ripetete!

I ragazzi, seduti nelle panche, chinarono la testa sulla tavoletta che avevano davanti e ricominciarono la monotona cantilena:

- Uno per uno: uno; due per due: quattro; quattro per quattro: sedici...

- Clodio! - strillò l'insegnante con la faccia quasi viola per lo sforzo.

Il ragazzino in questione sollevò la testa di colpo, guardandosi in giro un po' spaesato.

- Ti sei addormentato di nuovo! Come potrò insegnarti l'aritmetica, se ogni volta che iniziamo a contare, ti addormenti?

l'angolo del...

Dai 6 agli 11 anni i bambini frequentavano la scuola di un maestro. Non si trattava, però, di una scuola pubblica perché a Roma lo stato non si occupava dell'istruzione dei ragazzi. I maestri erano mal pagati e venivano sovvenzionati direttamente dalle famiglie.

Clodio si alzò, con il sorriso un po' ebete di chi si è appena svegliato.

- Non mi serve l'aritmetica, maestro! Mio padre non conta i sacchi di frumento che stiva nei suoi magazzini. Fa solo un segno bianco col gesso per ogni sacco che entra!

Il maestro si avvicinò e picchiò la sua **verga** sulle spalle del giovane.

- Tuo padre mi paga otto miseri assi al mese perché ti insegni a leggere, a scrivere e a far di conto, e... per tutti gli dei, quando uscirai dalla mia scuola, lo saprai fare... a costo di tenerti sveglio a frustate!

l'angolo del...

Il maestro, munito di frusta, stava seduto su una sedia. Intorno a lui, su panche e sgabelli, sedevano gli alunni. Gli errori e le dimenticanze erano puniti molto severamente con frustate o pene corporali.

Clodio si rimise a sedere, rosso in viso per la vergogna, sotto gli sguardi divertiti dei compagni.

Anche Marco lo guardava sorridendo, ma, in fondo, non poteva dargli torto: a che cosa servivano quelle noiose cantilene? Lui, da grande, avrebbe fatto il sommozzatore come suo padre Fortunato. Perché mai gli sarebbe stato utile saper contare nel fango del fiume?

- Potete andare a casa per pranzo, adesso - disse il maestro. - Ci rivedremo tra un'ora!

I ragazzi corsero fuori tutti insieme. Il tempo era appena sufficiente e il maestro non perdonava i ritardatari. Marco faceva la stessa strada di Clodio, per cui si avviarono insieme.

- Ti fanno male? - gli chiese dopo un po', vedendo che l'amico si massaggiava le spalle.

- Bruciano come il fuoco! - si lamentò lui, poi sorrise. - Ma non fanno poi tanto male: ci sono abituato! Ho paura che mi verrà il callo a furia di frustate, ma i conti non mi entreranno in testa comunque!

Costeggiarono i grandi magazzini, gigantesche costruzioni che fiancheggiavano il porto, dove veniva custodito tutto il grano che arrivava dall'Egitto e dalla Sicilia, i granai di Roma. Erano quasi tutti di proprietà pubblica, ma c'erano anche alcuni magazzini privati, appartenenti di solito ad armatori benestanti che, oltre alle navi per il frumento, possedevano gli edifici per stivarlo.

L'ultimo di questi, il più piccolo, apparteneva a Terenzio, il padre di Clodio, un piccolo imprenditore che aveva da poco avviato questa attività.

Erano quasi arrivati, quando si fermarono di botto.

C'era molta animazione davanti all'edificio.

- Che cosa è successo? - domandò Clodio preoccupato. Poi vide il padre che si agitava, attorniato da un gruppo di persone, e corse a raggiungerlo.

- Padre! Che cosa c'è?

- Mi hanno derubato! - spiegò l'uomo, con voce rotta dall'emozione. - Ci hanno svuotato il magazzino, figliolo! Mancano tutti i sacchi arrivati ieri all'alba, capisci? Tutti!

Si guardava attorno, cercando simpatia e partecipazione sui visi dei presenti.

Marco si avvicinò.

La calca nel frattempo era diventata enorme. Tutti vociavano insieme, dando la propria versione dei fatti. Ad un tratto la folla si aprì in due ali e le voci si fecero di colpo più sommesse.

- Arriva il questore! - si sentì dire da uno dei marinai presenti.

- Ho sentito che hanno recuperato la refurtiva... - disse un altro.

* * *

- Madre, hai visto che folla là in fondo?

Lucilla si affacciò alla portantina, spostando la tenda con la mano.

- Sarà andato a fuoco un altro magazzino! Tutto quel grano stivato insieme corre sempre un grande pericolo...

- Ma non vedo fumo, né tantomeno fuoco! Andiamo a vedere! - pregò il ragazzo.

La donna scosse la testa.

- È pericoloso! Potrebbe esserci una rissa!

- Ma no, madre, guarda! - strillò il ragazzo. - Sta arrivando il questore. Fammi scendere, voglio sentire che succede! - e fece il gesto di smontare.

Lucilla lo trattenne per un braccio.

- Ci avvicineremo ancora un po' - acconsentì a malincuore, - ma non scenderai, d'accordo?

Fece un cenno ai servi e questi li portarono proprio accanto alla folla che in silenzio ascoltava le parole del questore.

- Abbiamo appena fermato i ladri! - stava dicendo il magistrato responsabile dell'ordine nel porto e nella città. - Stavano lasciando Ostia con un carico di grano enorme!

Terenzio si asciugò la fronte, madida di sudore, con un lembo della tunica.

- Siano ringraziati gli dei! Avete recuperato il mio grano!

- E anche quello di altri tre magazzini! - aggiunse il questore con orgoglio.

La folla rumoreggiò a quella notizia: quei furfanti avevano svuotato mezza Ostia!

Il questore però non aveva finito.

- Il grano ti verrà restituito domani, non appena il processo ai ladri sarà finito... Dimmi, Terenzio: di quanti sacchi di grano ti hanno derubato?

L'uomo guardò fisso il magistrato.

- Quanti sacchi? Che vuoi dire? Io rivoglio il mio grano!

Il questore si agitò impaziente.

- Devo sapere quanti sacchi ti mancano, Terenzio! Non capisci? Il grano recuperato non è tutto di tua proprietà!

Terenzio si guardò attorno, come a cercare ispirazione tra la folla.

- Beh, non so quanti sacchi fossero… Posso solo dire che erano nove file di cinque sacchi!

Un liberto al servizio del questore si avvicinò con una **tavoletta e uno stilo** in mano.

- Nove file di cinque sacchi, hai detto? - chiese.

Terenzio annuì, ma stava ricominciando a sudare.

Il liberto si mise a scrivere, mentre un sorrisetto furbo gli saliva alle labbra.

- Allora, vediamo… diciamo che quarantuno sacchi ti vanno bene, Terenzio?

L'uomo si agitò. Che ne sapeva lui quanti sacchi erano nove file di cinque?

- Sì, direi che vanno bene!

Il liberto scrisse qualcosa su un rotolo e lo pose a Terenzio.

- Bene: presentati domani con questo all'ufficio del questore e ti restituiranno i tuoi quarantuno sacchi!

La folla si disperse velocemente: lo spettacolo era finito e per di più era l'ora di pranzo.

Anche Marco si avviò verso casa, ma camminava adagio, pensieroso… Qualcosa, della scena a cui aveva ap-

l'angolo del...

Gli strumenti per scrivere dei Romani erano stilo, calamaio, tavolette e rotoli di pergamena.

pena assistito, non finiva di convincerlo!

Procedeva adagio, a testa bassa, immerso nei suoi pensieri e si accorse solo all'ultimo momento della **portantina** ferma in un angolo della banchina del porto.

Quasi ci andò a sbattere contro, ma per fortuna il piccolo mezzo si mise in moto proprio in quell'istante e per un po' si trovò a procedere parallelo a Marco.

Il ragazzo poteva sentire due voci all'interno, quella di un ragazzo e di una donna che discutevano sull'accaduto.

- Credo che quell'uomo sia stato imbrogliato. È così, madre? - chiedeva la voce del ragazzino.

- Sì, Lucillo. Nove volte cinque - rispondeva la donna - fa quarantacinque e non quarantuno. Quindi gli verranno restituiti quattro sacchi in meno!

l'angolo del...

Tra i vari mezzi di trasporto, uno dei più usati era la portantina, una specie di barella trasportata a braccia da alcuni schiavi, all'interno della quale ci si sedeva.

Poi la portantina prese velocità e le voci si allontanarono con essa.

Marco arrivò trafelato a casa.

- Sei in ritardo! - lo rimproverò la madre, mettendogli subito davanti un piatto fumante.

Suo padre, che aveva già terminato, restò a guardarlo mentre mangiava di gusto.

- Che cosa hai imparato di bello oggi a scuola, Marco?

Il ragazzo si bloccò per un attimo, con il cucchiaio a mezz'aria, poi rispose, con la bocca ancora mezza piena.

- Ho imparato quanto è importante studiare bene l'aritmetica!

I giochi del Circo

- Che cosa dice il manifesto? - chiese Marco, che trotterellava accanto al padre per le strette vie della città.

Fortunato gettò un'occhiata distratta al **grande cartello** esposto proprio all'ingresso del viale che conduceva alle Terme di Nettuno, poi di colpo si fermò, tirandosi vicino il figlio per invitarlo a leggere.

- Che bellezza, Marco! Guarda qui! Ci saranno i giochi!

l'angolo del...

I giochi del Circo erano pubblicizzati attraverso manifesti, nei quali si indicava la durata delle gare, il magistrato o il cittadino che li aveva commissionati e il motivo della loro istituzione.

- I giochi del Circo?

- Qui si dice che il magistrato Publio Lucilio Gamala ha indetto dieci giorni di giochi per festeggiare il compleanno dell'Imperatore.

Marco stava per spiccare un salto di contentezza, ma un dubbio improvviso rischiò di spegnere il suo entusiasmo.

- Noi ci andremo? - chiese con voce incerta.

Il viso di Fortunato si aprì in un ampio sorriso.

- Certo che ci andremo! Domani, subito dopo il sorgere del sole, saremo qui in fila per cercare di prendere i posti migliori!

- Porteremo anche Fulvo?

Questa volta l'uomo rise di gusto.

- No, Marco, Fulvo non potrà venire con noi. Spaventerebbe troppo gli spettatori. Poi i cavalli si agiterebbero e...

Scosse la testa con forza per allontanare la visione poco piacevole e proseguì:

- Non oso neppure pensare a quello che accadrebbe se Fulvo mettesse piede nel Circo!

Non sapevano però che il loro leoncino non era dello stesso avviso.

Li guardò partire il giorno successivo, dopo averli visti consumare in fretta un breve pasto a base di zuppa fredda di cavoli e pane di miglio, innaffiato da un buon vino speziato allungato con acqua. Quando entrambi vennero ad affacciarsi alla sua gabbia per un'ultima carezza li salutò con un pigro ruggito, poi chiuse gli occhi fingendo di dormire.

- Sei pronto? - chiese Fortunato al figlio.

- Prontissimo!

E si avviarono insieme verso il mare.

Ostia aveva solo un piccolo Circo per i giochi, ma i suoi cittadini ne andavano giustamente molto fieri. Sorgeva in prossimità della spiaggia, nel punto in cui la linea di costa andava degradando dolcemente verso il mare. La conformazione del terreno si prestava naturalmente a fare da supporto alla costruzione dell'edificio: al centro, una grande spianata fungeva da pista per le corse e, tutto attorno, le gradinate delle tribune si appoggiavano a strutture in legno.

C'era una grande calca. Decine e decine di persone si affollavano alle porte per accaparrarsi i posti più appetibili.

- Stammi vicino! - raccomandò Fortunato al figlio, trattenendolo per la mano.

Marco si strinse alla tunica del padre. Non aveva nessuna intenzione di perdersi, ma l'avvenimento era troppo eccitante e tutto era nuovo per lui, perciò faticava a non calpestare i piedi dei vicini, intento com'era a guardarsi intorno.

Il sole era già alto quando finalmente riuscirono ad entrare. Raggiunsero un posto molto elevato, quasi all'ultimo ordine delle gradinate, che corrispondeva al settore per il quale avevano la tessera.

Fortunato si lasciò cadere sul sedile di legno con un sospiro.

- Ci è andata proprio bene! Da qui potremo seguire tutta la corsa!

Marco però non era dello stesso parere.

- Ma io volevo sedermi in prima fila!

Un grassone, seduto accanto a lui, scoppiò a ridere.

- Non è posto per povera gente come noi, quello! Dai un po' un'occhiata ai gioielli che sfoggiano le matrone sedute là davanti!

Marco non ebbe neppure il tempo di rispondere perché uno squillo di tromba annunciò l'apertura ufficiale dei giochi.

Tutti i presenti si alzarono e Marco si ritrovò a bocca aperta per la meraviglia. L'arena era tutto uno sfolgorio di luci e di colori. Girando attorno lo sguardo, l'occhio si fermava sulle toghe candide dei magistrati, sulle sete trasparenti delle ricche matrone, sui tessuti sgargianti dei mercanti, sulle tuniche esotiche dei liberti. Le armature dei soldati e le trombe dorate emettevano bagliori metallici che illuminavano l'arena di lampi improvvisi.

- Fai attenzione, Marco, arriva la processione! - sussurrò a un certo punto Fortunato al figlio, invitandolo ad osservare.

Un solenne corteo di persone entrò dall'ingresso principale e cominciò a sfilare davanti al pubblico ritto sulle gradinate. Alcuni uomini trasportavano le immagini delle divinità ufficiali e le sculture raffiguranti gli Imperatori defunti che, in pompa magna, facevano il giro dell'arena e arrivavano alla loggia che le ospitava. Le statue degli dei e degli Imperatori passarono sotto gli occhi sgranati di Marco, mentre il pubblico applaudiva entusiasta.

Ad un tratto un urlo più alto si alzò dalle gradinate e le tribune del Circo cominciarono a vibrare da far paura: il pubblico stava battendo i piedi in modo frenetico per manifestare il suo entusiasmo.

Stavano entrando nell'arena i cavalli e gli aurighi che, allineati sulla pista coperta di sabbia, aspettavano il segnale d'inizio delle gare.

Si trattava di quadrighe, i cocchi condotti da una pariglia di quattro cavalli.

- Quanti sono? - chiese Marco, rimettendosi a sedere accanto al padre.

- Sono quattro, ma non correranno tutti insieme... Il nostro è un Circo piccolo, per cui gareggeranno due qua-

drighe alla volta. Guarda, Marco, si stanno preparando i Verdi e gli Azzurri!

Marco allungò il collo per sbirciare sopra la testa dello spettatore che aveva seduto davanti.

In effetti due quadrighe si stavano schierando alla linea di partenza, mentre gli altri due cocchi si spostavano in un angolo.

Ogni auriga indossava una casacca di colore diverso: c'erano i Verdi, i Rossi, gli Azzurri e i Bianchi. In testa ogni fantino aveva un elmetto lucente, in una mano la frusta, nell'altra le briglie; al fianco portava un coltello per tagliare, in caso di incidente, le redini avvolte intorno alla vita.

Ad un tratto nell'arena scese il silenzio.

Marco si accorse che gli occhi di tutti erano puntati nella stessa direzione.

La grande prova stava per incominciare; dall'alto della tribuna apparve, splendente come una visione, il magistrato che presiedeva ai giochi. Sulla tunica ricamata portava un ampio manto di porpora di Tiro, la sua testa era come schiacciata sotto il peso di una enorme corona.

Mentre la folla pareva trattenere il respiro, l'uomo alzò la mano che reggeva un fazzoletto bianco, poi di colpo lo lasciò cadere a terra.

I cavalli scattarono velocissimi e la folla riprese ad urlare.

L'arena era di forma ellittica ed era attraversata, per tutta la sua lunghezza, dalla spina, un muretto adornato di statue, colonnine, obelischi, e di sette delfini di bronzo che venivano rivoltati ad ogni nuovo giro di pista; alle estremità della spina erano collocate le mete, cioè dei pilastri circolari che segnavano il traguardo. Per sette volte i cocchi dovevano girare intorno alle mete e quello era il momento più emozionante. I carri potevano prendere la curva troppo stretta e allora si correva il rischio di fracassare il cocchio; se il giro invece veniva preso troppo largo, si perdeva terreno e soprattutto si rischiava di entrare in collisione col cocchio che seguiva.

Il grassone seduto al fianco di Marco cominciò ad agitarsi al quarto giro di pista.

- Corri, Artemidoro, lazzarone infame! - gridava. - Corri, o quando scendi da quel cocchio, ti farò correre io davanti alla mia frusta!

Nonostante la mole gigantesca, l'uomo si dimenava e si contorceva tutto, sventolando un enorme fazzoletto verde.

- Corri! - continuava ad urlare sempre più eccitato. - Hai vinto più di cinquecento corse nella tua misera vita! Hai voglia di dormire proprio oggi che ho avuto fede in te?

Inconsapevole degli incitamenti del grassone, la quadriga di Artemidoro continuava a perdere terreno, mentre il carro degli Azzurri sembrava trascinato da mani invisibili verso il trionfo.

L'uomo si lasciò cadere pesantemente, asciugandosi il sudore col fazzoletto.

- La mia paga di un mese ci ho giocato! - disse sconsolato alla fine. - E proprio oggi quel miserabile ha deciso di perdere!

Pomeriggio alle Terme

Le vie della città erano stranamente deserte e silenziose.

Fulvo non poteva saperlo, ma la maggior parte degli abitanti che si trovavano in quel momento seduti sulle gradinate ad assistere ai giochi del Circo era ormai senza voce per gli strilli di incitamento lanciati ai beniamini di turno.

Fulvo sapeva solo che doveva cercare il suo padrone.

Aveva capito subito che qualcosa di strano era nell'aria: il piccolo padrone era molto agitato ed impaziente. Non stava certamente andando a scuola, quella mattina!

Perciò aveva deciso di seguirlo e aveva aspettato con pazienza l'ora del pasto quotidiano che gli era stato portato come sempre da una guardia del giardino imperiale.

C'era un'ottima carne, quella mattina, dal gusto tenero e fresco, forse di una giovane gazzella… Peccato che si fossero dimenticati dell'osso… Ma poco importava: quel giorno non avrebbe avuto tempo di sgranocchiarlo, come faceva di solito.

Da un pezzo aveva capito come aprire il catenaccio che teneva chiusa la porta della sua gabbia, ma aveva deciso di non approfittare troppo di quella scoperta. Fino a quel momento, infatti, Fulvo aveva fatto solo un paio di sortite notturne, e comunque intendeva sfruttare la sua capacità nelle occasioni importanti.

Bene! Quella era un'occasione importantissima!

Si avviò a lunghe falcate oltre il portico delle **Terme** di Nettuno, costeggiando le grandi arcate del Piazzale delle Corporazioni.

l'angolo del...

Le Terme non solo offrivano a tutti la possibilità di provvedere ad un'accurata igiene quotidiana attraverso vari tipi di bagno (caldo, freddo, a vapore), ma associavano ad essa la cultura fisica, le attività intellettuali e gli svaghi.

Era fortunato: in vista non c'era nessuno. Meglio così. Ancora non riusciva a spiegarselo, ma capitava spesso che la gente si innervosisse al suo passaggio. Bastava la sua presenza e intorno a lui la folla cominciava a urlare, a correre e ad agitarsi… Era uno dei grandi misteri della vita!

Passò accanto all'osteria di Calpurnio, con il banco della mescita piazzato verso la via. Le sue narici furono solleticate da profumi deliziosi. Calpurnio era un ottimo cuoco: lui poteva ben dirlo per aver rovistato tra i rifiuti durante una delle sue spedizioni notturne.

Quel giorno però l'osteria sembrava chiusa.

Sul bancone non c'erano esposti, come al solito, i piatti fumanti colmi di ceci o di fagioli e lardo… I tavoli all'interno erano deserti e soprattutto non si sentiva la tonante voce del proprietario che urlava al cielo e agli dei i suoi ordini.

Fulvo girò attorno ad un carro carico di botti che stava fermo in mezzo alla via e allungò il muso per arrivare all'angolo che ben conosceva, dove sapeva che Calpurnio sistemava i rifiuti della cucina. Il suo naso arrivò quasi a toccare il fondo del secchio, ma... che miseria! Solo due torsoli di mela e alcune bucce di fave. Calpurnio aveva davvero deciso di fare vacanza.

Un nitrito nervoso lo disturbò proprio mentre stava cercando di recuperare una cotenna ben nascosta sul fondo del recipiente. Si girò e si trovò quasi muso a muso con un cavallo che lo guardava con gli occhi sbarrati dalla paura.

Ma da dove era uscito?

Fulvo si guardò attorno perplesso, poi comprese: il cavallo era aggiogato al carro che trasportava le botti, probabilmente un carico per l'oste. Guardando meglio si accorse che, appoggiato alla parete della taverna, c'era un uomo che russava a bocca aperta, stanco di aspettare Calpurnio.

Decise di sparire in fretta. Il cavallo era terrorizzato dalla sua presenza e da un momento all'altro poteva fare una mossa avventata.

Girò velocemente su se stesso, deciso ad imboccare la via parallela che portava alle Terme del Foro, ma nel compiere il movimento, inavvertitamente la sua coda andò a sbattere sulla schiena del cavallo.

L'animale, un vecchio ronzino stanco e affamato, nitrì di paura e s'impennò, sollevandosi sulle zampe posteriori e scalciando l'aria con movimenti impazziti.

L'uomo si svegliò di colpo, cercando di trattenere il cavallo ormai imbizzarrito.

- Che fai, vecchio Scolandro? Ti ha dato di volta il cervello?

Fulvo decise che non era il caso di aspettare e scappò via a grandi balzi.

Aveva fatto solo pochi metri quando alle sue spalle un terribile frastuono riempì all'improvviso la stretta via. Il leone gettò un'occhiata veloce, giusto per vedere le ultime botti rotolare giù dal carro e fracassarsi rovinosamente sul lastricato della strada.

* * *

- Perché non siamo andati anche noi al Circo, padre? - domandò Lucillo per la quarta volta.

Marco Licinio sospirò.

- I giochi dureranno dieci giorni, Lucillo - rispose tranquillo. - Domani ci andremo e ti prometto una scorpacciata di corse con i cavalli, ma questa mattina proprio non mi era possibile lasciare la caserma.

Lucillo abbassò la testa per nascondere la delusione, ma il padre gli sollevò il mento e lo costrinse a guardarlo in faccia.

- Sai che facciamo adesso? - gli propose. - Per il Circo è tardi, ma ti porterò alle Terme del Foro! Tu non le hai mai viste!

- Ma alle Terme non ci sarà nessuno... sono tutti ai...

- Ai giochi del Circo, lo so! - sbottò con una certa impazienza il padre, ma poi sorrise scuotendo le spalle. - Meglio per noi! La palestra sarà deserta e noi potremo giocare a palla senza essere disturbati!

Sul viso del ragazzino riapparve un accenno di sorriso: non era poi una cattiva idea!

- Potrò giocare anche con il cerchio?

- Potrai giocare con quello che vuoi!

* * *

Le Terme del Foro sorgevano quasi nel centro della città.

Consistevano in un grande complesso dalle linee armoniche e piacevoli ed erano uno dei monumenti più prestigiosi di Ostia, ma per loro due, che venivano da grandi città come Roma e Siracusa, sembravano quasi piccole e inadeguate.

Erano frequentate dalla gente più in vista della città, per cui di solito vi si respirava un'atmosfera un po' austera, ma molto raffinata. Rimasero perciò a bocca aperta quando si trovarono uno spettacolo incredibile davanti agli occhi.

Già dall'esterno era chiaro che qualcosa non andava. Tutto attorno aleggiava un incredibile odore di vino che, mescolato agli aromi delle enormi vasche di acqua calda, riempiva il naso di effluvi esotici e misteriosi.

Lucillo diede voce ai pensieri di entrambi:

- Sembra di essere all'osteria di Calpurnio...

Marco Licinio si guardava attorno perplesso.

- Hai ragione! - disse perplesso. - Non è questo l'odore che ci dovrebbe accogliere arrivando alle Terme!

Due frequentatori uscirono in quel momento dall'edificio, videro il ragazzino e l'uomo che si avvicinavano e si fecero loro incontro, vociando come dei carrettieri.

- Venite! Venite anche voi alle Terme! Non c'è nulla di meglio di un bel bagno caldo per schiarirsi le idee e togliersi i veleni dal corpo!

Lucillo faticò a restare serio: quei due non avevano la toga addosso, ma solo l'asciugamano che si porta di solito nel locale del bagno di vapore.

Marco Licinio li fissava serio, poi si avvicinò al più anziano e gli bisbigliò qualcosa all'orecchio.

- Lo conosci, padre? - domandò allora Lucillo.

- È il tuo prozio... Marco Publio Licinio!

- E che cosa gli hai detto?

- Che ha dimenticato i vestiti in palestra!

Un assistente, agitatissimo, si precipitò correndo all'esterno e quasi finì addosso al gruppetto di persone.

- Oh, siete qui? Meno male, siano ringraziati gli dei!

Prese i due uomini mezzi svestiti per un braccio e li trascinò all'interno.

- Ma che è successo? - domandò Marco Licinio, seguendolo nell'edificio.

- Non lo so - spiegò l'assistente sconsolato. - Si dice che un carico di vino sia finito nelle cisterne dell'acqua delle Terme... Invece di vapori balsamici, escono vapori di vino!

Lucillo scoppiò a ridere.

- Allora il mio prozio è ubriaco! - gli uscì detto.

Marco Licinio tirò il figlio per la manica della tunica.

- Aspettami fuori, Lucillo! Tra poco riporteremo a casa Marco Publio Licinio.

Lucillo ritornò sui suoi passi, giusto in tempo per cogliere con un'occhiata una strana figura che si muoveva veloce davanti a lui. Per un attimo restò senza fiato per la sorpresa, poi urlò con tutto il fiato che aveva:

- Un leone, padre! C'è un leone qua fuori!

Marco Licinio si precipitò immediatamente, spaventato dagli strilli del figlio.

- Che succede ancora?

- C'era un leone, proprio là! - gridò Lucillo. E indicò con la mano l'angolo dietro il quale aveva visto sparire l'animale.

Le labbra di Marco Licinio si strinsero in una linea sottile.

- Sei troppo cresciuto per raccontare queste sciocchezze, non ti pare?

E tornò impettito all'interno.

* * *

Nel frattempo il povero Fulvo non sapeva più dove nascondersi.

Le strade si erano di nuovo affollate e molta gente, richiamata dal terribile schianto delle botti, si andava affacciando alle finestre o si precipitava nei vicoli. Per di più, per quanto si sforzasse di passare inosservato, ad ogni suo passo si levavano strilli acuti e grida terrorizzate:

- Un leone! Aiuto!

- C'è una belva feroce scappata dall'Anfiteatro!

- Qualcuno mi salvi! Un leone mi vuole sbranare!

Tutti quei vicoli e quelle grida gli avevano fatto perdere l'orientamento: da un po' aveva l'impressione di girare in tondo inutilmente. Così il nervosismo e l'ansia si stavano impadronendo di lui. Correva di qua e di là, scuotendo nervosamente la grossa testa: dove avrebbe potuto nascondersi?

Un vicolo buio, particolarmente invitante, gli si parò davanti all'improvviso. Con due balzi lo raggiunse, augurandosi di trovare un posto sicuro nel quale rintanarsi per riprendere fiato.

Ma dopo aver fatto solo pochi passi, si rese conto di essere finito in trappola: si era scioccamente infilato in un vicolo cieco.

Alle sue spalle sentiva i passi incalzanti della folla che lo stava rincorrendo e poteva chiaramente avvertire il suono sinistro dei bastoni che battevano sul selciato.

Di tornare indietro, nemmeno a pensarci: sarebbe finito in braccio ai suoi assassini! Quindi guardò in alto, verso lo spicchio di cielo che s'intravedeva tra le strette pareti.

Una finestra aperta!

Senza pensarci neppure un attimo, si raccolse sulle zampe posteriori e con un balzo poderoso si portò sul davanzale dell'apertura. Per un istante temette di rotolare all'indietro, perché sentì chiaramente la pietra vacillare sotto il suo peso, ma, con un ultimo sforzo, riuscì a lanciarsi all'interno della stanza.

Stette immobile per un pezzo, sentendo le voci concitate sotto di lui:

- Ma dov'è finito?

- Non può essere sparito!

Alcuni passi di corsa, poi altre voci:

- Guardate c'è un'apertura!

- Andiamo! Deve per forza essere passato per di là!

Con sollievo infinito sentì le voci che si smorzavano e si allontanavano lentamente nel vicolo sottostante.

Cominciò a guardarsi in giro nella stanza buia. Bene! Non si vedeva nessuno, e proprio di fronte a lui c'era una porta accostata.

Decise di tentare: non poteva starsene chiuso per sempre in quella stanza.

Allungò una zampa per socchiudere il pesante uscio, giusto quanto bastava per infilare il muso e dare una sbirciatina fuori.

Alcune voci risuonarono all'esterno, ma sembravano lontane, per cui Fulvo osò spingersi ancora un poco avanti. Al di là della stanza c'era un grande porticato che si affacciava su un ampio cortile.

Sentì chiaramente il nitrito di alcuni cavalli e il rumore di zoccoli e di ruote di carri.

Forse era finito nelle stalle imperiali, e la stanza dove si trovava era un alloggio dei soldati. Un posto pericoloso, dunque! Bisognava togliersi il più in fretta possibile da lì.

Avanzò circospetto lungo il corridoio, protetto dalla penombra degli enormi archi che sorreggevano il porticato. Dal cortile non poteva essere visto. Doveva solo prestare attenzione alle stanze che si aprivano in fila lungo la galleria, e ai cavalli che sicuramente avevano già percepito il suo odore.

Si muoveva adagio, badando bene a dove metteva le zampe, per non fare il minimo rumore. E in poco tempo raggiunse le scale che portavano al piano terra.

Ora doveva fare attenzione: se riusciva a entrare nel cortile senza essere visto, poteva poi passare dalle stalle e uscire all'aperto. Al di là, avrebbe trovato il mare: sentiva il suo profumo inconfondibile solleticargli le narici. Era un odore fantastico, perché era profumo di libertà.

Scese le scale e uscì allo scoperto.

La porta delle stalle era spalancata: doveva solo attraversarla velocissimo, facendo attenzione ad evitare gli zoccoli dei cavalli, e al di là avrebbe trovato la strada di casa.

Corse come un fulmine verso le stalle, con le orecchie tese e i sensi all'erta, ma a quel punto successe il finimondo.

Queste erano molto più grandi di quanto aveva previsto e si ritrovò in mezzo a decine e decine di cavalli che sembravano impazziti dal terrore.

Fulvo si muoveva cauto, cercando disperatamente con gli occhi la luce di un'apertura o uno spazio aperto. Dentro l'enorme edificio era ammassata una quantità incredibile di oggetti: finimenti per cavalli, fruste, briglie, cocchi e carri dalle forme strane, che risplendevano di bagliori metallici in modo sinistro.

Ma dov'era finito?

Non erano le stalle imperiali, quelle!

I cavalli, legati ai pali dei loro recinti, nitrivano tutti insieme e scalciavano di paura.

Finalmente una grande porta si aprì davanti a lui. Fece per slanciarsi fuori, ma venne quasi travolto da un cocchio che entrava di volata, trainato da una pariglia di quattro cavalli.

Gli animali lo videro immediatamente: si alzarono sulle zampe posteriori, sbalzando dal cocchio l'auriga che finì a gambe all'aria nella polvere.

Il carro, senza più guida, girò su se stesso e ritornò da

dove era venuto.

Fulvo si fermò di colpo, puntandosi sulle zampe anteriori, girò il muso e si ributtò nel cortile.

Nella sua folle corsa, travolse due uomini che arrivavano accorrendo, ma non si fermò.

Nella parete opposta del cortile aveva visto un enorme portone. Fulvo lo infilò e scappò via all'aperto.

* * *

- Che cosa sta succedendo? - chiese Marco alzandosi in piedi.

Quasi non poteva credere ai suoi occhi: nell'arena stava accadendo il finimondo!

Il cocchio degli Azzurri, che aveva appena terminato la gara, era ritornato inaspettatamente in pista, provocando una confusione incredibile.

- Ma non c'è l'auriga! - urlò Fortunato, indicando con la mano la quadriga lanciata al galoppo sfrenato senza nessuno alla guida.

- Va nel senso sbagliato! - urlò il grassone, spalancando gli occhi per lo spavento.

Era vero: la pariglia degli Azzurri stava correndo in senso opposto rispetto alle due contendenti.

Il pubblico era tutto in piedi, pronto all'inevitabile impatto.

Il cocchio dei Rossi raggiunse per primo la meta e mentre iniziava la manovra per aggirarla si ritrovò davanti il carro degli Azzurri lanciato a folle velocità.

Tutti poterono vedere l'espressione di terrore dipinta sul viso del conducente che, in un ultimo gesto dispera-

to, estrasse il coltello dalla cintura e tagliò le redini.

I suoi cavalli partirono al galoppo, lanciati in avanti e lui ruzzolò a terra, travolto dal suo stesso carro che andò a sfasciarsi contro le tribune.

Le ruote e i frammenti del cocchio si sollevarono in alto nel cielo e poi ricaddero nell'arena, seppellendo il povero auriga dei Bianchi che stava sopraggiungendo.

- Accidenti, che spettacolo fantastico! - disse Marco, mentre più tardi rientravano alla loro abitazione.

Fortunato scosse la testa, ancora incredulo.

- Puoi dirlo forte. Nella mia vita ho assistito a decine di corse con i carri e ho visto incidenti spettacolari, ma non erano niente se paragonati a quello che è accaduto oggi! È un vero miracolo che non sia accaduto nulla di grave, né ai cavalli né ai conducenti.

- Si è poi capito come è successo?

- Ho sentito voci che parlavano di tre leoni fuggiti dai giardini imperiali! Ma probabilmente sono solo chiacchiere!

Camminarono in silenzio per un po', poi Fortunato riprese:

- Mi hanno detto che oggi è accaduto qualcosa di molto strano anche alle Terme del Foro…

- Che cosa?

- Non saprei, ma anche questa volta pare che ci sia di mezzo un leone…

Arrivarono a casa.

Fortunato prese il figlio per mano e insieme si avviarono verso la gabbia di Fulvo.

Il leone era ancora lì, immobile e sonnacchioso come l'avevano lasciato al mattino.

L'uomo allungò la mano per grattargli la testa.

- Per fortuna noi possiamo stare tranquilli: Fulvo da qui non si allontanerà mai!

Fulvo socchiuse appena gli occhi e si lasciò scappare un leggero ruggito di soddisfazione, poi tornò alla sua occupazione preferita e riprese a dormire.

La festa del dio Libero

Lucillo era pronto.

Si era sistemato proprio nel mezzo del grande atrio della casa, accanto alla vasca che raccoglieva l'acqua piovana proveniente dall'impluvio, l'apertura rettangolare posta sul soffitto.

Guardò in alto, battendo con impazienza i piedi: il cielo era chiaro e limpido, le poche nuvole bianche che ancora indugiavano stavano per essere spazzate via dal vento frizzante di inizio primavera.

La madre lo trovò così, perso nella contemplazione dell'azzurro spicchio di cielo.

- Possiamo andare, Lucillo! - disse avviandosi con decisione verso la porta. - Tuo padre ci raggiungerà più tardi al tempio di Libero!

Uscirono nel sole tiepido e Lucillo rabbrividì leggermente nella tunica di lana.

Si mise a saltellare per scaldarsi un po', ma bastò un'occhiata della madre per fargli riprendere un'andatura più dignitosa.

- Conosco già questo zio che stiamo andando a trovare?

La madre sorrise, scuotendo la testa.

- Beh, l'hai visto sicuramente, ma eri troppo piccolo e

non puoi ricordartelo!

- E suo figlio?

- Tullio aveva dieci anni, quando sei nato tu… quindi, lui forse si ricorderà di te, ma tu non puoi rammentarlo.

Lucillo annuì pensieroso.

- Dieci anni in più… Vuol dire che dovrò aspettare ancora dieci anni per avere anch'io la mia festa?

- Non avere troppa fretta di crescere, Lucillo! Ecco, guarda! Siamo già arrivati!

La casa dello zio era veramente enorme.

Lucillo si fermò perplesso a valutarla con attenzione per un attimo.

- È uno zio importante, questo? - chiese alla madre che si era fermata ad aspettarlo.

La donna rise.

- Questo almeno è quello che vuol far credere… E, guardando la tua espressione, direi che c'è riuscito!

Si piegò per sistemare le maniche della tunica del figlio e per ravvivargli i capelli.

- Tuo zio, ovvero mio fratello Lucilio Gamala, è molto conosciuto in città, è uno degli uomini più illustri di Ostia, è membro del Senato cittadino… e non so cos'altro ancora. Quindi muoviamoci! Non possiamo più farci aspettare!

In casa c'era grande fermento. Servi e domestici andavano e venivano, presi da chissà quali faccende...

Lucillo si guardava attorno un po' smarrito nell'enormità dello sfarzoso atrio di quella ricchissima casa. La mamma lo trascinava per mano e insieme attraversarono il vestibolo per raggiungere le **stanze private**.

l'angolo del...

La casa dei patrizi romani era divisa in una parte pubblica, accessibile ai visitatori, e in una parte privata, riservata ai componenti della famiglia e agli amici più stretti.

Ad un tratto una donna elegantissima e sfavillante d'oro si fece loro incontro con le braccia tese.

- Aspettavamo solo te, Lucilla! - salutò.

Poi si accorse del ragazzino.

- Oh, ma tu devi essere Lucillo! Come ti sei fatto grande!

Parlava e intanto li sospingeva in avanti con decisione, facendo tintinnare i numerosi ciondoli dei suoi braccialetti. Finalmente raggiunsero un gruppetto di persone ferme al centro di una grande sala, riccamente decorata con affreschi e mosaici.

In mezzo a tutti c'era un uomo, sicuramente il famoso zio, l'uomo più grasso che Lucillo avesse mai visto. Accanto a lui si scorgeva un giovane, pallido e assonnato, che doveva essere il festeggiato. Lì vicino Lucillo notò con grande piacere una ragazzina, più o meno della sua età.

- Sono arrivati! - annunciò la padrona di casa, e tutti si misero in moto.

- Chi è quella ragazzina? - bisbigliò Lucillo all'orecchio della madre.

- È Gellia, la sorella di Tullio: ha otto anni.

"Ho una cugina così carina e non lo sapevo!" si sorprese a pensare Lucillo. E si perse per un attimo nella contemplazione dei riccioli biondi della bambina.

Ad un tratto il gruppetto si fermò: erano arrivati davanti al piccolo altare privato dei Lari, gli dei della famiglia.

Di colpo tutti zittirono e anche Lucillo comprese che il solenne rituale stava per avere inizio.

Il giovane Tullio guardò il padre, che annuì con un cenno della testa, e insieme si staccarono dai parenti e si avvicinarono all'altare.

Lucillo osservava tutto con molta attenzione e vide il cugino sfilare dal collo la bulla, il ciondolo che tutti i bambini romani indossano per il tempo della loro infanzia. Poi, a un altro cenno del genitore, Tullio si tolse la **tunica bordata di porpora** e infilò la tunica candida, simbolo dell'età adulta.

Tutto si era svolto nel silenzio più assoluto, ma adesso che il sacro rituale della cerimonia era terminato i presenti tirarono un sospiro di sol-

l'angolo del...

I fanciulli e gli alti magistrati indossavano una *toga praetexta*, cioé una veste bianca bordata da una balza di porpora.

lievo e si avvicinarono sorridenti al festeggiato.

- Auguri, Tullio!

- Felicità e fortuna!

Lucillo era un po' deluso: tutto qui? E poi, a guardar bene, Tullio non gli sembrava cambiato per niente. Era forse solo un po' più pallido di prima, ma probabilmente era solo uno scherzo della luce. Diventare grandi era davvero così semplice?

Decise di ritornare alla contemplazione della cuginetta Gellia: lei sì che meritava tutta la sua attenzione!

La mamma però lo chiamò a sé invitandolo a seguirla.

- Dobbiamo andare, Lucillo!

- Dove?

- Al tempio di Libero. Adesso c'è la cerimonia pubblica!

* * *

La folla si accalcava davanti ai portici del tempio di Mercurio, premendo per raggiungere le prime file e conquistarsi un buon posto.

Marco era schiacciato tra due ragazzotti che lo sovrastavano di tutta la testa. Ma da lì non si sarebbe mosso, a costo di allungare o di ricevere qualche gomitata.

Suo padre gli aveva promesso di comprargli al mercato una sorpresa speciale per il suo compleanno e così sarebbe stato.

Il vociare della gente si diffondeva dovunque, le urla dei mercanti e dei compratori erano assordanti. Riuscire a capire qualcosa in quel frastuono era davvero un problema.

Eppure a Marco tutto quel rumore importava poco. Gli bastava tenere d'occhio la figura alta e ossuta di suo padre che si aggirava tra i banchi, quattro passi più in là, per sentirsi tranquillo.

Gli angoli della bocca di Marco si sollevarono in un mezzo sorriso al pensiero della sorpresa che suo padre gli aveva promesso: di che cosa si sarebbe trattato?

Per quanto si spremesse il cervello, non riusciva proprio ad indovinarlo.

Allungò un po' il collo per superare la fila di teste che gli stava davanti.

Stavano portando un nuovo gruppo di schiavi e la folla ondeggiò un poco dinanzi a lui. Ogni compratore voleva guardare per primo, così da afferrare al volo l'occasione propizia che gli avrebbe consentito di fare il vero affare.

Marco cercò di alzarsi sulle punte per vedere meglio, ma ad un tratto non fu più necessario perché un varco gli si aprì all'improvviso: il tizio davanti a lui si era stancato e se n'era andato.

Il gruppo di schiavi entrò, ammassato in una fila confusa, poi prese posto e si distese con ordine sul palco di fronte ai compratori.

- Mille sesterzi per quello schiavo! - strillò un uomo per attirare l'attenzione del venditore.

Il mercante non si scompose e continuò imperterrito a fare il suo lavoro, ma lanciò un'occhiata in direzione dell'uomo. Mille sesterzi? Non se ne parlava neppure! La faccia del venditore parlava chiaro: aveva riconosciuto il pollo e l'aveva valutato bene... Con un po' di pazienza si sarebbe spennato da solo!

Marco si agitò impaziente. Adesso che cosa sarebbe successo?

- Ho detto che ti do mille sesterzi, per lui! - urlò di nuovo il compratore.

- Lui chi?

- Quello lì che sta nel mezzo! - e indicò **lo schiavo**. - Proprio lui... Ma che gli hai dato in questi giorni da mangiare? Piume di uccello? È magro e denutrito da far paura! Sembra una rana finita da una settimana in una pozza secca!

Il mercante sorrise, mostrando di aver apprezzato la battuta.

- Magro e denutrito?... Questa rana è la merce più preziosa che mi capita da un mese a questa parte!

L'uomo si piegò in due dalle risate.

- Ti compiango, allora, mercante! Gli affari non ti vanno troppo bene, ultimamente, vero?

Il sorriso si mantenne inalterato sul viso del venditore, ma negli occhi gli passò un lampo di rabbia. Fece due

l'angolo del...

Gli schiavi erano spesso prigionieri di guerra o facevano parte dei bottini ricavati dai pirati che in quell'epoca infestavano i mari e assalivano le navi.

passi in avanti per sporgersi verso il cliente e, girando attorno lo sguardo, disse:

- Cinquemila sesterzi! E sarà il miglior affare della tua vita!

Il compratore sgranò gli occhi, fingendosi scandalizzato al punto giusto.

- Cinquemila sesterzi? Non se ne parla neppure! Al massimo, per quel marmocchio, te ne posso offrire millecinquecento!

Il mercante si portò dietro alla sua merce e la sospinse avanti con un gesto.

- Fatti vedere bene, qui, in piena luce. Perché ho paura che il nostro amico qui sotto abbia bisogno di un controllo… Lo hai visto bene? Guardagli i muscoli!… E i denti? Perfetti!

L'uomo finse di considerarlo solo in quel momento con attenzione.

- Dici? Beh, sì, ora che lo vedo bene, noto che è ben messo! Ma il prezzo che chiedi è un vero e proprio furto!

Il mercante alzò gli occhi al cielo, in un'espressione di scandalo che pareva genuina.

- Chiamo gli dei a testimoni: possa io morire qui, in questa piazza, in questo stesso istante! Questo schiavo può svolgere da solo il lavoro di tre uomini! Nemmeno un bue potrebbe lavorare tanto!

Lo spinse avanti ancora, per farlo rimirare in piena luce.

Marco si era immerso nello spettacolo offerto dal mercante e dal compratore, per cui sobbalzò quando si sentì tirare per la manica e rimase sorpreso quando vide che suo padre lo chiamava.

- Andiamo! - gli stava dicendo. E lo trascinò lontano dal palco.

Quando furono a pochi passi, gli tese con un sorriso l'involto che aveva in mano.

- Ecco! L'ho trovato, finalmente! L'ho comperato al banco qui accanto. È tuo... Per i tuoi sette anni!

Marco lo prese, pieno di curiosità. Svolse la pezza di lana e guardò finalmente la sorpresa del padre.

- È un'anfora! - esclamò con tono non troppo soddisfatto, guardando dubbioso il dono del padre.

Il padre annuì e precisò.

- Sì, ma è un'anfora speciale! Qui ci metterai l'olio che ti servirà per vedere meglio sott'acqua!

Gli occhi di Marco brillarono di contentezza.

- Allora... vuoi dire...

Finalmente aveva capito, anche se non osava ancora crederci.

Il padre rise apertamente per la sorpresa e la gioia del figlio.

- Domani ti immergerai con me nel Tevere!

Gli mise la mano sulla spalla e insieme si avviarono di buon passo verso casa.

- Vogliamo o no che tu diventi il miglior sommozzatore di Ostia? - gli disse sorridendo.

L'incendio

Marco notò uno strano via vai di persone lungo la strada che conduceva ai templi e domandò:

- Che cos'è tutta quella folla?

Il padre studiò per qualche istante la gente che si muoveva lentamente, poi sorrise.

- Sì, certo! Oggi è la festa di Libero!

- E allora?

- Il giorno della festa del dio Libero i giovani che hanno raggiunto l'età adulta tolgono la *toga praetexta* e vanno al tempio per fare sacrifici al dio!

Marco guardò con maggior attenzione e si accorse che in effetti la folla era composta da piccoli gruppi familiari, e che c'era sempre un giovane di circa diciassette o diciotto anni alla testa della comitiva.

Più avanti notò lungo le strade alcune donne che vendevano strani dolci a base di miele.

- Che cosa sono? - chiese, indicandoli con un gesto.

- Sono dolci speciali, fatti in occasione di questa festa. I giovani li comprano e poi li offrono al dio.

Un gruppetto si era fermato proprio accanto a loro e stava facendo acquisti.

La venditrice scostò la pezza che proteggeva le piccole ciambelle dalle mosche e prese un dolce, poi lo immerse in una ciotola di miele, tenuto caldo da un fornelletto acceso. Lo tenne lì per qualche istante, quindi tese il braccio per darlo ad un giovane, ma il ragazzo, sorpreso forse dal calore del dolce, fece un movimento brusco con la mano e buttò a terra il fornelletto.

- Accidenti, ragazzo! - brontolò la donna. - Fai più attenzione!

Le braci ancora ardenti si sparsero sul tavolo ricoperto di stoffe che immediatamente presero fuoco.

La donna si mise a urlare per lo spavento e intanto cominciò a battere con forza sul tavolo, per spegnere le fiamme. I suoi goffi tentativi però furono inutili: i colpi, invece di smorzare il fuoco, riuscirono solo a spargere le braci, provocando così altri piccoli incendi.

In pochissimo tempo fu chiaro a tutti i presenti che le fiamme non sarebbero state domate facilmente.

- Chiamate i **vigili del fuoco**! - strillò ad un tratto qualcuno, ma Fortunato aveva avuto la stessa idea e stava già correndo verso la caserma.

Prima, però, aveva raccomandato a Marco:

- Stai qui buono! Tieniti lontano dalle fiamme: torno subito!

Non c'era un istante da perdere, Fortunato lo sapeva bene. Tutta la città era in pericolo: le vie

l'angolo del...

I vigili del fuoco intervenivano a piedi e lavoravano muniti di contenitori per l'acqua e di scuri per abbattere gli edifici in fiamme.

strette, con le case ammassate l'una all'altra e la presenza dei grandi magazzini ricolmi di frumento, facevano della cittadina una vera miccia, pronta per essere accesa.

Per fortuna a Ostia c'erano più di quattrocento uomini addestrati a domare gli incendi.

Decise di non entrare per la porta principale, avrebbe fatto più in fretta svoltando per le Terme di Nettuno, in direzione della sua casetta. Chissà che stava facendo Terzilla in quel momento, si chiese l'uomo mentre continuava a correre. E Fulvo? Avrebbe sentito l'incendio e si sarebbe innervosito?

Finalmente arrivò e si precipitò nel mezzo della grande corte, urlando con tutto il fiato che aveva in gola:

- Aiuto! Soccorso! È scoppiato un incendio verso la via dei Templi!

Quasi venne travolto dallo slancio dei soldati che si precipitarono fuori, muniti di secchi e di scuri.

Riprese a correre dietro ai vigili che, più freschi di lui, lo distanziarono in breve tempo.

Doveva tornare subito da Marco, doveva mettere al sicuro suo figlio.

Nel frattempo, lì vicino, anche Lucillo esclamò allarmato:

- Guardate! C'è del fumo!

La madre si voltò verso il punto indicato dal figlio. Era vero! Una nuvola nera e spessa si levava verso il cielo.

- È un incendio! - strillò Tullio, indicando le lingue di fuoco che si intravedevano a tratti.

Lucilla afferrò la mano del figlio. Se almeno suo marito fosse stato con lei! E invece era stato trattenuto e li avrebbe raggiunti solo più tardi.

- Che facciamo? - chiese Tullio al padre. - Continuiamo verso il tempio?

Lucillo Gabala si guardò attorno. La folla cominciava a muoversi disordinatamente e qualcuno stava ritornando sui propri passi. C'era già gente che urlava in preda al panico e scappava a gambe levate.

- Torniamo! - disse asciugandosi il sudore con la tunica.

Il caldo era insopportabile: doveva essere un incendio di grosse proporzioni.

Tullio si avviò un po' imbronciato dietro il padre. Non gli sembrava giusto che la sua festa, tanto attesa, sfumasse così, in una nuvola di fumo nero.

Ben presto però si rese conto che la decisione del padre era stata saggia. Il fuoco stava divampando alto e si mangiava a grossi bocconi case ed edifici interi.

Le fiamme erano sempre più vicine e sempre più intense. Sarebbero riusciti a raggiungere la loro casa?

Lucilla avanzava a fatica, con la mano del figlio stretta tra le sue. Lo sentiva tossicchiare e annaspare, perché l'aria si stava facendo acre di fumo e ben presto sarebbe diventata irrespirabile.

- Dobbiamo levarci da qui! - strillò per farsi sentire. - Il vento tira verso di noi e ci porta il fumo addosso!

Decisero di svoltare in un vicolo e quasi vennero travolti da una squadra di soldati.

- I vigili del fuoco! - urlò Lucillo Gabala. - Siamo salvi!

Poi indicò un piccolo porticato che si affacciava su un cortile interno.

- Fermiamoci qui. Vediamo come si mette l'incendio!

* * *

Fortunato correva sempre dietro allo squadrone dei vigili. Il suo lavoro lo teneva in continuo allenamento, ma anche a lui, abituato alle profondità del Tevere, il fumo irritava i polmoni e ogni respiro costava fatica.

Sbucò in un vicoletto laterale e per un attimo si sentì disorientato: aveva sbagliato strada? Ma no, era sicuro di aver rifatto esattamente lo stesso percorso. Si guardò attorno a disagio: come mai non riconosceva il quartiere? Poi capì: il fuoco aveva cambiato tutto: era sparita la vecchia con il suo banco dei dolci, sparite le case alle spalle... tutto era diverso. Ma dov'era finito Marco? Girava la testa di qua e di là, mentre sentiva la morsa della paura afferrargli lo stomaco. Che sciocco era stato a lasciare il figlio da solo, con un incendio che gli divampava alle spalle!

Per un attimo gli parve quasi di aver individuato la testa bionda di Marco in un gruppetto di persone che correva dall'altra parte della via, ma poi li vide entrare in un cortile. Non era lui! Dove si era cacciato?

Possibile che fosse corso a casa?

Si girò, incerto se ritornare sui suoi passi, mentre intorno a lui i vigili del fuoco iniziavano il loro lavoro.

C'era chi, a colpi di scure, abbatteva le case troppo vicine alle fiamme per non alimentare ulteriormente l'incendio e chi invece attingeva acqua dalle fontane pubbliche per sedare le lingue di fuoco.

Fortunato avanzò ancora di qualche passo e riconobbe l'angolo dove aveva lasciato il figlio, dove gli aveva raccomandato di non muoversi. Che stupido consiglio! Ma ormai era tardi per darsi dello sciocco: bisognava trovare subito Marco.

In quell'istante si sentì chiamare.

Si girò e, tra il fumo che ormai invadeva la via, riuscì a scorgere Terzilla, seguita dalla figura inconfondibile di Fulvo.

Fortunato le corse incontro.

- Marco! Non trovo più Marco! È con te? - ma già sapeva la risposta.

La donna infatti scosse il capo e lo guardò fisso, con la paura negli occhi.

- E tu cosa ci fai qui? - chiese Fortunato.

- Non riuscivo più a calmare Fulvo! Ringhiava nella sua gabbia, ruggiva, e quando sono andata a vedere che cosa succedeva... ho trovato la porta socchiusa, e lui che stava scappando fuori!

Fulvo si muoveva agitando nervoso la coda, poi con un ruggito cominciò a correre.

- Seguiamolo! - urlò Fortunato alla moglie. - Lui può trovare Marco!

E, anche se ormai era senza fiato, riprese a correre, con un filo di speranza in fondo al cuore.

Ma Fulvo era troppo veloce per loro e ben presto lo persero di vista, nel caos dei vicoli della città.

* * *

- Madre! - urlò Lucillo al colmo dell'agitazione. - C'è un leone lì fuori!

La donna si girò verso il figlio, con il viso scuro e teso dalla paura.

- Lucillo, smettila di dire sciocchezze!

Gellia, seduta tranquilla in un angolo accanto a sua madre, gli lanciò un'occhiata ironica.

Lucillo si sentì uno sciocco: neppure quella ragazzina gli credeva, ma lui era sicurissimo di quel che aveva visto. C'era un leone là fuori nel vicolo, lo stesso leone che aveva già incontrato un giorno alle Terme. Lui aveva capito dove stava andando. Il suo maestro gliel'aveva spiegato più volte: le belve feroci temono il fuoco e a Ostia c'era solo un posto dove il fuoco non sarebbe mai arrivato: il mare! Se nessuno era disposto a credergli, gli restava una cosa sola da fare: andare a prendere il leone e dimostrare a tutti che lui non era uno sciocco bambino che raccontava favole.

Aspettò un attimo che sua madre si interessasse alla conversazione di Tullio e sgusciò fuori nel vicolo, poi iniziò a correre.

Subito dopo vide il leone, davanti a lui, avanzare a lunghe falcate verso il porto della città. Aveva avuto ragione! Il leone spaventato cercava l'acqua!

Lucillo lo rincorse per un tempo che gli sembrò lunghissimo, ma alla fine lo vide fermarsi e affacciarsi ad un molo. Che voleva fare adesso? Buttarsi in acqua?

Il ragazzo rallentò di colpo, colpito da un'idea improvvisa: come l'avrebbe riportato indietro, adesso?

Il leone si girò. L'aveva visto, ma Lucillo osservò con sollievo che non sembrava interessarsi a lui, sembrava piuttosto che stesse cercando qualcosa nell'acqua, o sotto le assi del molo.

Allora si fece coraggio e continuò ad avanzare, mentre rammentava all'improvviso racconti terrificanti di leoni mangiatori di uomini.

Una testa bionda sbucò da sotto il molo. Lucillo aguzzò gli occhi incuriosito. Ma c'era qualcuno lì, nascosto sotto le assi!... Un ragazzino, a quel che vedeva!

Lo vide arrampicarsi sulle assi della banchina e saltare su, gridando di gioia. Accidenti, che coraggio! Lucillo lo guardava a bocca aperta per lo stupore: quasi non riusciva a credere ai suoi occhi! Quel ragazzino stava abbracciando il leone!

Nemmeno se ne rendeva conto, ma tutto preso da quel che vedeva continuò ad avanzare e in poco tempo si trovò a pochi passi dai due.

Il ragazzino biondo probabilmente si accorse di qualcosa, perché di colpo sollevò la testa per vedere chi stava arrivando e a quel punto a Lucillo sembrò di trovarsi davanti ad uno specchio.

Sbatté le palpebre incredulo e si accorse che il ragazzino di fronte stava facendo la stessa cosa.

- Accidenti! Ma siamo uguali! - disse Lucillo

Il ragazzino annuì.

- Come due gocce d'acqua!

- Come ti chiami? - chiese ancora Lucillo.

- Marco. E tu?

- Lucillo. E lui? - chiese di nuovo, stavolta indicando il leone

- Fulvo... perché ha la criniera rossa!

Lucillo annuì con comprensione, poi osò chiedere, allungando timidamente la mano:

- Potrei accarezzarlo anch'io?

- Sicuro! - disse Marco. E gli afferrò la mano incerta, tuffandogliela nella folta criniera rossa.

Lucillo rise felice: non aveva mai messo le mani nella criniera di un leone!

I due ragazzi si guardarono sorridendo. Per raccontarsi tutto il resto c'era tempo, molto tempo...

NEL MONDO DI ROMA IMPERIALE

Nasce l'Impero

L'Età Imperiale inizia nel 27 a.C. con l'ascesa al potere di Ottaviano, nipote ed erede di Cesare. Egli venne nominato **AUGUSTO** che significa "sacro" e **PRINCEPS**, racchiudendo così nelle sue mani il potere assoluto.

Per quasi 500 anni Roma e il suo Impero vissero un periodo di pace e prosperità, raggiungendo la massima espansione territoriale in tutto il Mediterraneo.

LA CIVILT

PERIODO MONARCHICO

PERIODO REPUBBLICANO

753 a.C.

509 a.C.

Le invasioni barbariche ed una serie di crisi interne determinarono nel 476 d.C. la fine dell'Impero Romano d'Occidente, anno in cui fu deposto l'ultimo Imperatore Romolo Augustolo.

ROMANA

Le opere pubbliche

I Romani furono abilissimi ingegneri e architetti.

Nell'Età Imperiale realizzarono le loro maggiori opere: anfiteatri, templi, terme, acquedotti, basiliche e archi di trionfo in onore degli Imperatori.

Colosseo

Arco di Costantino

Gli acquedotti

Tra le più importanti realizzazioni dell'Età Imperiale troviamo gli **acquedotti** con i quali i Romani riuscirono a portare grandi quantità di acqua nelle loro città. In alcuni punti era necessario costruire archi altissimi che sostenevano con una leggera pendenza le tubature dell'acqua.

Acquedotto Claudio

Le strade

Vennero costruite grandi strade che partendo dalla capitale raggiungevano tutte le principali città dell'Impero. Erano formate da vari strati di ciottoli e sabbia coperti da enormi lastre di pietra.

Costruzione di una strada romana

Pompei, strada con attraversamento pedonale

Ogni strada prendeva il nome del console che l'aveva fatta costruire.

Il loro tracciato viene utilizzato in gran parte ancora oggi.

Strade consolari in Italia

I giochi

In Età Imperiale i divertimenti più diffusi erano gli spettacoli del Circo e quelli nell'Anfiteatro. Nei circhi avveniva la **corsa dei cavalli**: i veicoli potevano essere tirati da due o quattro cavalli (bighe o quadrighe) e la gara consisteva nel compiere per sette volte il giro della pista.

C'erano aurighi famosissimi che venivano chiamati "Miliarii" perché avevano vinto una gara per 1000 volte.

Negli anfiteatri, invece, si svolgevano le **lotte dei gladiatori**, reclutati tra i prigionieri di guerra e gli schiavi, ed addestrati rigidamente in scuole e caserme specializzate. Essi venivano fatti combattere sia tra di loro che contro bestie feroci.

Sia gli aurighi che i gladiatori potevano raggiungere una grande fama e conquistare col tempo grandi ricchezze.

Una giornata alle Terme

Le Terme erano bagni pubblici riscaldati dove i Romani si rilassavano dopo una giornata di lavoro.

Per l'ingresso bastava pagare una piccola tassa e di solito vi si andava al pomeriggio.

Al loro interno c'erano piscine di acqua calda, tiepida e fredda, sale per massaggi, palestre, giardini e biblioteche.

Le Terme servivano per la cura del corpo, ma erano considerate anche un luogo di ritrovo.

Terme di Caracalla

La religione

In Età Imperiale, quasi tutti gli Imperatori vennero elevati, dopo la loro morte, agli onori divini, secondo un'usanza già da tempo in voga nel Vicino Oriente. Sempre dall'Oriente giunsero a Roma diversi culti misterici che si aggiunsero alle divinità romane tradizionali: i Lari e i Penati, Cerere, Saturno, Vesta e le altre divinità dell'Olimpo.

I Lari e i Penati, divinità protettrici della casa

Cerere, dea dei raccolti

I banchetti

I patrizi ed i ricchi liberti imperiali amavano organizzare banchetti grandiosi ai quali invitavano molti ospiti.

Si mangiava sdraiati e serviti da uno schiavo personale. Durante il pasto si conversava, si cantava e si assisteva ad esibizioni di danzatrici, buffoni e cantori.

L'esercito imperiale

Augusto creò un **esercito permanente** composto da 25 legioni di cittadini romani e corpi formati da provinciali. La leva militare durava all'incirca 20 anni, durante i quali gli uomini erano stipendiati. Una volta congedati, i provinciali ricevevano la cittadinanza romana assieme ad un premio in denaro o un appezzamento di terreno.

Fante romano

Le baliste scagliavano grandi frecce

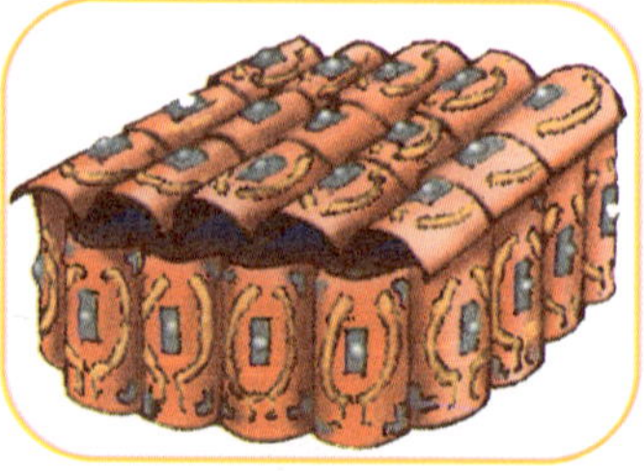

La testuggine era una tecnica molto usata dall'esercito

Le catapulte lanciavano sassi o materiale infuocato

Un corpo speciale e privilegiato dell'esercito imperiale fu quello dei **Pretoriani**: guardie del corpo e fedelissimi dell'Imperatore, erano gli unici soldati che avevano il permesso di risiedere all'interno delle mura di Roma. Con il tempo essi condizionarono sempre più anche la nomina dello stesso Imperatore.

Pretoriani

Massima espansione dell'Impero

Moneta raffigurante l'Imperatore Traiano

L'Impero raggiunse la sua massima espansione nel II secolo d.C. sotto l'Imperatore Traiano, quando furono conquistate la Dacia (odierna Romania), la Mesopotamia e parte dell'Arabia.

I suoi confini erano delimitati dall'Oceano Atlantico, a Ovest, dalla Britannia, al Nord, e dalle sabbie del deserto, a Est e a Sud.

Tutto il territorio era suddiviso in Province, comandate da un governatore nominato dall'Imperatore o dal Senato.

Curiosità su alcuni Imperatori Romani

Le vicende dell'Impero Romano furono legate a quelle degli Imperatori che lo governarono, lo potenziarono e lo difesero. Alcuni operarono con saggezza, altri ebbero comportamenti talvolta strani ed egocentrici, a volte crudeli e malvagi.

Caligola faceva mangiare il suo cavallo **Incitatus** in una mangiatoia d'avorio, e una volta lo nominò addirittura Senatore, per dimostrare il suo disprezzo verso il Senato.

Nerone si giudicava pari ad Apollo nel canto, e al Sole nella guida dei carri.

Organizzò la prima crudele persecuzione contro i Cristiani, addossando loro la colpa dell'incendio di Roma.

Antonino fu detto Pio per la sua bontà e saggezza.

Commodo si esibì come gladiatore e pretendeva di essere venerato come Ercole.

Marco Aurelio e Traiano avevano un profondo rispetto per gli uomini e per la giustizia.

Le persecuzioni

All'inizio (prima metà del I sec. d.C.) i Romani si dimostrarono tolleranti nei confronti della nuova religione predicata da Gesù. Ma quando i Cristiani si rifiutarono di venerare l'Imperatore come divinità, cominciarono le **Persecuzioni**.

Per celebrare i loro riti religiosi, i Cristiani furono così costretti a rifugiarsi nelle **Catacombe**, gallerie sotterranee scavate nella roccia.

Catacomba scavata nella roccia

Record... imperiali

Quale fu...

...la casa più grande della Roma imperiale?

Si tratta della Domus Aurea (la Casa d'Oro) fatta costruire dall'Imperatore Nerone dopo il grande incendio del 64 d.C.

...l'acquedotto più antico di Roma?

Sicuramente è l'acquedotto Appio, fatto costruire nel 312 a.C. dal censore Appio Claudio, soprannominato *il Cieco*, lo stesso che fece costruire la famosa Via Appia.

In epoca imperiale Roma era servita da ben 11 acquedotti.

...il tempio più grande di Roma imperiale?

Si tratta del Tempio di Venere e Roma, progettato dall'Imperatore-architetto Adriano nel II secolo d.C.

...il più alto numero di abitanti mai raggiunto da Roma in età imperiale?

Pare che già all'epoca di Augusto, Roma contasse più di 1.000.000 di abitanti. La città crebbe ancora per venti-trent'anni, quindi probabilmente raggiunse la cifra, astronomica per l'epoca, di 1.200.000-1.300.000 abitanti.

...la donna più vecchia di Roma?

Plinio racconta che l'abitante di Roma che raggiunse l'età più tarda fu una certa Luceia, un'attrice che morì a 119 anni, e che alla veneranda età di 100 anni si esibiva ancora sulle scene dei teatri della città. Sempre Plinio narra che alla sua epoca vivevano ben 54 persone con più di 100 anni tra gli Appennini e il Po.

...l'anfiteatro più grande?

Senza dubbio il Colosseo, l'anfiteatro Flavio. Alto 48 metri e mezzo, aveva una circonferenza esterna di 524 metri. Poteva contenere fino a 50.000 spettatori.

...il teatro più antico di Roma?

Fu quello di Pompeo del 55 a.C. Prima di quell'epoca, Roma non aveva teatri stabili, cioè in muratura. Le rappresentazioni venivano date su una pubblica piazza dove si allestiva un palcoscenico provvisorio.

Indice

La nascita	pag 5
Un premio inaspettato	pag 14
Due cuccioli in regalo	pag 29
Una giornata fortunata	pag 36
L'importanza dell'aritmetica	pag 45
I giochi del Circo	pag 55
Pomeriggio alle Terme	pag 65
La festa del dio Libero	pag 82
L'incendio	pag 92
NEL MONDO DI ROMA IMPERIALE	pag 103

NELLA STESSA COLLANA

Al tempo dei Dinosauri Testa dura ma... geniale

Al tempo del Neolitico Alla ricerca del pugnale sacro

Al tempo dei Fenici Il profumo della porpora

Al tempo degli Egizi Gli scribi reali

Al tempo dei Greci L'alloro e la spada

Al tempo degli Etruschi Il segreto dei vasi neri

Al tempo di Roma monarchica La lupa e l'aquila

Al tempo di Roma repubblicana Le ali della fortuna

Al tempo di Roma imperiale Tre cuccioli imperiali

Al tempo dei Barbari La spada delle steppe

Al tempo dei popoli antichi Miti e Leggende

PER IL PORTFOLIO

(la pagina si può utilizzare fotocopiata e ingrandita)

Titolo ---

Nome dell'autore --

Pagine --

Hai letto il libro...

☐ completamente ☐ solo in parte

Hai compreso la vicenda...

☐ tutta e bene ☐ a grandi linee

La vicenda ti è piaciuta...

☐ molto ☐ così così ☐ poco

Hai letto...

☐ in maniera spedita ☐ con difficoltà

Lo stile ti è sembrato...

☐ facile ☐ difficile

Complessivamente il libro ti è piaciuto...

☐ molto ☐ abbastanza ☐ poco

Pensi che la lettura del testo abbia arricchito...

☐ le tue conoscenze

☐ il tuo vocabolario

☐ il tuo modo di esprimerti